戦争をする国・しない国

ふくしの思想と福死の国策

浅井春夫

新日本出版社

まえがき

▼戦争をしない国のままで

戦争は膨大な人間のいのちを奪い、多くの不幸をつくり出し、人生のなかで長く苦しむ人々を残すことになるが、戦争行為について反省をする国々と侵略戦争であることさえも認めようとしない国々が存在している。また再び戦争はしないという決意をしている国々もある。第二次大戦以降、戦争をしていない国は、国連加盟一九三か国（二〇一五年七月現在）のうち、日本しかない。世界のなかでも稀有な存在である。

戦争は人間のいのちを蔑《ないがし》ろにし、個人の尊厳を根底から奪う国家間および人間集団の最悪の組織的暴力行為である。第二次世界大戦の戦死者は少なくみても約五〇〇〇万～六〇〇〇万人といわれている。その過半数が民間人であり、七割に達するという報告もある。

「集団的自衛権」の行使を可能にした戦争法（二〇一五年七月一五日に衆議院特別委員会で「国際平和支援法」と一〇本の関連法を強行採決、一六日同本会議で可決、九月一九日未明に参議院における強行採決で成立）と、集団的自衛権の行使を認めた「閣議決定」（二〇一四年七月一日）によって戦争をする国への道をひたひたと歩んでいる安倍政権の下での情勢を考え、本書を出版することを決めた。

戦後七一年から戦後一〇〇年をめざして、リスタートをするうえで、本書がささやかでも参考になることを願っている。

▼本書の特徴

本書の特徴をあげておくと、第一に、戦争をする国・しない国の分岐点を明示していることである。ただし、現在の国々を二分法で戦争をする国としない国に分類することはリアリティに欠けるといえよう。それぞれの国のダイナミズム（内側にあるエネルギーや活力）の中に、戦争に向かうベクトル（方向性をもつ力）と戦争を押しとどめ平和と社会福祉を推進するベクトルが複雑に混在しているからである。その点を踏まえて、戦争をする国・しない国の分岐点となるものをそれぞれの国の政治の基本構造から抽出することは可能であると考え、そのことに論及している。その点でわが国が戦争で殺し殺されもしなかった七〇年は、九条を軸とした憲法に基づいた政治、つまり立憲主義が曲がりなりにも機能してきたことが大きい。

第二に、戦争文化と戦争体制づくりの問題を経済的徴兵制が採られる可能性、戦闘的兵士を製造することを男性ジェンダー形成・性的発達の観点から論究しており、本書の特徴的論述でもある。こうした観点からも、戦争をする国・しない国を考えていく必要を感じている。

第三として、戦争は必ず戦争孤児を生み出すこと、日本のなかでもとくに過重な負担を強いられてきた地域があることを、沖縄の現実と歴史から論究している。本書は、沖縄の民意に基づいて闘っている翁長雄志《おながたけし》沖縄県知事をはじめとした沖縄県民への連帯のエールを送ったものである。戦争をする国・しない国の試金石として、沖縄の基地問題にどう立ち向かっていくのかが問われている。

第四に、二〇一五年の戦争法に反対する運動を通して、あらためて問い直されたことは憲法の重要性である。憲法および国際条約を暮らしに活かす運動が私たちに求められており、憲法を読み解く学習運動が重要な役割を果たしていくことになろう。その点で本書は憲法の意義をあらためて学ぶ必要と論拠を提示している。

蛇足ではあるが、こうしたテーマの本を書くのは政治学・行政学などの研究者のしごとであろう。だが、私は社会福祉の研究者である。その私がこのテーマで書く理由は、戦争がもっとも非福祉的行為であり、戦争の後始末をすることになるのが福祉事業の役割となるという歴史の事実に基づいている。そうした〝戦争の尻拭い〟としての福祉を担うことを私は断固として拒否をするものである。したがって二〇一五年の戦争法反対の運動を経過して、これからは戦争法を廃止する運動を創っていく必要がある。その点では野党は結束して戦争をしない国をめざすことが重要であろう。戦争法と閣議決定の廃止、あらためて憲法の基本理念と基本的な人権条項が息づくための政府を樹立していくことが求められている。

▼ふくしの思想と福死の国策

サブタイトルの「ふくしの思想と福死の国策」についてふれておく。ふくしの思想とはすべての人々のふだんのくらしをしあわせにすることをめざした思想のことをいう。それは個人の尊厳と人権が尊重される社会の思想的な基礎となる。それに対して「福死の国策」はまさにふくしを死滅させる国策であり、その最たるものが戦争である。戦争と福祉は絶対に両立しないし、政治の根本的なあり方として人を殺すことを国のために必要なことと考えるのか、一人ひとりのしあわせを最優先して考えるのかが問われているのである。

安倍政権のもとで、二〇一六年度予算案ではじめて軍事費が五兆円を超えることとなった。安倍政権のもとで四年連続で軍事費は増え続け、過去最大となっている。Ｆ35ステルス戦闘機（多用途戦闘機）、オスプレイ（ヘリコプターと航空機の両方の機能を持っているが、事故が多発している）、新型空中給油機など、アメリカ製の高額な軍事兵器が目白押しとなっている。

福死の国策は、戦争法を軍事兵器のレベルで推進していると同時に、社会保障予算は例年の自然増分の一兆円の半分に削減（四九九七億円）、「医療崩壊」につながる可能性がある診療報酬の一％の引き下げ、国際的にみても低い額の文教関係費の削減など、暮らしには冷たい予算案となっている。

まさにわが国においても、戦争政策とともに福死政策を確実にすすめている現状がある。

▼三部作の完成をめざして

もともとの予定では、『子どもを大切にする国・しない国』（新日本出版社）を上梓したあと、『人間を大切にする国・しない国』を出版し、その後、三部作の締め括りとして本書を出す計画であった。しかし現在の状況を踏まえて、順序を変え本書を急遽出版することにした。戦後七〇年には間に合わなかったが、あらたな決意を込めて二〇一六年に出版することができたことに安堵している。何とか早めに『人間を大切にする国・しない国』をまとめたいと考えている。

本書が今日の安倍内閣の戦争推進政策に対して闘っている仲間たちを励まし、運動をすすめていくうえで、参考にしていただくことがあれば望外のしあわせである。多くの方々に読んでいただき、広めていただけることを心から願っている。

末筆で恐縮だが、今回も新日本出版社編集部の森幸子さんにはていねいな編集作業をしていただいた。またこれまでの粘り強い励ましに心から感謝を述べたい。

二〇一六年三月一一日　東日本大震災から五年の日に

浅井　春夫

戦争をする国・しない国——ふくしの思想と福死の国策◆目次

まえがき　3

第1章　戦争と福祉をめぐる動向……13
はじめに——事実・現実・真実から出発を　13
1　戦争はもっとも非福祉的行為　15
2　人権を大切にする意味　16
3　社会福祉の発展の指標——人間の安全保障——を考える　23

第2章　戦争をする国・しない国の分岐点……27
はじめに——戦争をする・しない国を分かつもの　27
1　戦争の犠牲者はどれくらいあるのか　29
2　戦争をした国・している国　33

(1)アメリカ　33
(2)ドイツ　39
(3)日本　44
3　「戦争をしない国」という構想　47
4　世界の軍事費の現状と課題　52
5　戦争をする国・しない国の分岐点
——日本が戦争をしない国であり続けるための条件　56
まとめにかえて——分岐点で何をめざすか　66

第3章　戦争は戦争孤児をつくる

第3章　戦争は戦争孤児をつくる……74
はじめに——「戦災孤児」と「戦争孤児」と「浮浪児」　74
1　戦後の戦災孤児調査と戦争孤児の現実　78
2　第二次世界大戦後の戦争孤児の現実　84
3　沖縄戦における住民被害としての孤児の衰弱死　87
4　世界の戦争・紛争で生み出される戦争孤児　91

第4章　基地とともに暮らすことの現実 …… 95
はじめに――沖縄の基地政治の特徴といのちの尊厳　95
1　基地被害の実状――騒音といのちの危機　97
2　〝基地のなかに沖縄がある〟現実　100
3　子どもの育ちへの影響　102
4　子どものいのちと発達を守る使命　105

第5章　沖縄戦の「戦死者」と慰霊の意味を問う …… 110
はじめに――戦後七〇年にあらためて考える　110
1　沖縄戦の「戦死者」「戦没者」とは誰か　111
2　「戦没（者）」とは何か　115
3　慰霊の意味を考える　119
4　戦傷病者戦没者遺族等援護法のしくみと沖縄の「英霊」　129
5　戦争の記憶と反戦の意思を繋ぐ　135
まとめにかえて――福死の国策に抗して　138

第6章　「子ども・若者の貧困」と「経済的徴兵制」の現実味……………144
はじめに――国に、子どもの貧困を解決する意志がないことこそ問題　144
1　アベノミクスのなかの子どもの貧困　147
2　「子供の貧困対策大綱」の問題点　153
3　子どもの貧困対策の「四つの処方箋」　157
4　「経済的徴兵制」の本質　163
まとめにかえて――「戦争は常に権力から遠い人間から死んでいく」　175
第7章　戦争文化としての男ジェンダーと戦争をしない男性形成の課題……178
はじめに――なぜ戦争とジェンダーを問うのか　178
1　「男らしさ」の現在――男たちはどこへ行くのか　180
2　男性のセクシュアリティの現実――「男らしさ」のゆらぎと強化　186
3　男性形成過程論のデッサン　191
まとめにかえて――憲法二四条の描く新たな男性モデルの形成のために　200

第8章　日本国憲法からのシュプレヒコール……204
はじめに――憲法があげるシュプレヒコールを聴き解く　204
1　憲法前文――憲法は権力を縛るものだ～！　立憲主義を守れ～！　205
2　憲法の嘆きを聴く――憲法をないがしろにするな～！　211
3　九条は憲法の真髄――戦争ＮＯ！　213
4　一三条（個人の尊重）の重要性
――一人ひとりのしあわせが束になって国のしあわせがあるのだ～！　216
5　九条と二四条と二五条を一体として
――平和・平等・暮らしを守る日本をめざそ～！　220
6　憲法擁護義務――国会議員は憲法を守る義務を果たせ～！　222
まとめにかえて――たたかいなくして基本的人権は守れない！　226
あとがき――戦後七〇年から戦後一〇〇年への私の談話　229
初出一覧　巻末

第1章　戦争と福祉をめぐる動向

はじめに――事実・現実・真実から出発を

日本の社会に目を向けると、どんな現実が見えるだろう。

①　日本の女性労働者の平均賃金（二〇一三年）は、男性の賃金を一〇〇として七一・三となっている。スウェーデン（八八・〇）、フランス（八四・六）、イギリス（八〇・七）の男女間賃金格差に比べて一七～九ポイント、先進国では格差の大きいアメリカ（八二・一）と比較しても一〇ポイントの開きがある。

②　働き給料を得ている所得者の四人に一人は年収二〇〇万円以下となっている。女性給与所得者の四二・九％は年収二〇〇万円以下である。全体の労働者の三七・四％は非正規雇用者（ボ

ーナスがなく、いつ解雇されるかわからない）で、とくに二四歳までの若年労働者では四八％が非正規雇用である（二〇一四年）。

③　貧困に対するセーフティネットとしての生活保護を受けている世帯の数（被保護世帯数）は、一九九二年度には五九万世帯にまで減少していたが、その後増加に転じ、二〇〇五年度には、一月の平均被保護世帯数が一〇〇万世帯を突破、一五年には一六二・八万世帯（推定）と増加傾向にある。一〇年間で一・五倍にまで増加している。

④　一九九八年から一四年連続で、自殺者が三万人を超えており、その間の総計では約四五万人を数えている。二〇一四年は三万人を切っているが、それでも二・五万人となっている。三万人に押し上げたのは、「構造改革」が生み出したリストラ・倒産・サラ金苦などの経済的要因が根底にある。

⑤　二〇一四年三月末現在、北海道から沖縄まで、全国各地に一三三か所の米軍基地（一〇二六・四一一平方キロメートル）がある。そのうち米軍専用基地は八四か所、そのうち面積の七四％は沖縄に集中している（沖縄県知事公室基地対策課『沖縄の米軍及び自衛隊基地（統計資料集）』同、二〇一五年）。米軍のための各種施設や基地で働く日本人の給料などを日本が負担する「思いやり予算」（「在日米軍駐留経費負担」の通称）は、一九七八年から二〇一五年までの総計で、四兆〇五五九億円となっている。

さあ、どうだろう。日本において、平和・人権・福祉はこのような現実にある。あなたはこうした現実がなぜ改善されないままにあるのか、その原因はどこにあると考えますか。

1　戦争はもっとも非福祉的行為

第二次世界大戦はファシズムの敗北に終わり、世界の平和と安全の確保をめざしてつくられた国際連合は、人権保障を中心的な課題としてその第一歩を踏み出した。その人権保障の主な柱は、戦争の最大の犠牲者である子どもと、戦時体制のなかで人権を踏みにじられ続けた女性の人権であった。

かつてヒトラーも３Ｋを唱えたことがある。「きけん、きたない、きつい」の３Ｋではない。ヒトラーの３Ｋは、キルヒェ（教会）、キュッヒェ（台所）、キンダー（子ども）の３Ｋである。女性は教会と家事と子どもの世話にかかわっているだけでいいのだ、男のしごとにまでしゃばるなという３Ｋのことである。男中心の社会があの戦禍をもたらしてしまったという反省から戦後は再出発している。子どもと女性を大切にする社会づくりこそ、平和と福祉に問われているのである。

第二次世界大戦の最大の教訓は、〝平和なくして福祉なし〟である。社会福祉が成立する前提は、平和のもとで生きていることである。実際に戦後の社会福祉の対象は、傷痍《しょうい》軍人（戦争で心身が傷つき病んだ軍人）に対する福祉として身体障害者福祉法が成立し、親を失った戦災孤児・浮浪児（ホームレスの子ども）への戦後の応急対策として児童養護施設が再出発をした。さらに夫を戦争で失った寡婦《かふ》と遺児の福祉施設として母子生活支援施設（当時は母子寮）がつくられたのである。

戦後処理が社会福祉のはじまりであったことは、不幸な日本の現実であった。戦争は勝っても負けても〝犠牲者〟を生み出す。戦争も災害もその被害者は常に貧しい人々である。

2　人権を大切にする意味

▼人権を考える視点

人権とは、〝人間の尊厳〟についての法的表現である。人間の尊厳とは、まず固有の生命権、生存・発達の確保（子どもの権利条約第六条）を前提にして、①プライバシィの保障、②アイデンティティの保全、③自己決定・選択の尊重という三つの柱で構成されている。

まず人間の尊厳の前提としての生命権、生存・発達の確保については、世界中でいまなお年間推定五九〇万人以上の子どもたちが五歳までに伝染病と飢餓で死亡している現実がある（ユニセフ「年次活動報告」二〇一五年六月発表）。五～六秒で一人の五歳未満児が亡くなっているのが実際である。わが国においても子どもの自殺、いじめ・暴力の横行、薬物依存、心身症などの広がりが顕著である。こうした現実からも、人間として譲ることのできない内容として、生命権、生存・発達の確保を人権の前提条件と考えることが必要である。

つぎに人間の尊厳を構成する三つの柱のうち、第一のプライバシィの保障については、他者からの私生活への介入を受けない権利として形成されてきた。とりわけ子ども期のプライバシィ権は、自己との対話をはぐくみ、他者からの自立を促進する権利である。個人の知られたくないことが知られなくてすむ状況は、人間の尊厳を保障する不可欠の権利であり、自己形成の前提条件である。

第二の柱であるアイデンティティ（自分らしさ）の保全は、自分自身をどう認識し受け容れることができるかという権利である。「中学生らしさ」「男（女）らしさ」というステレオタイプ化された人間像を押し付けられることによって、自分らしさを踏みにじられている現実が少なくない。プライバシィの保障なくして、アイデンティティの形成はありえないといえよう。

第三の柱である自己決定・選択の尊重は、人権の中核的内容である。人生を自らの判断で決めて行動することは、人間の尊厳にとって最も重要な内容である。生活の現実は、社会に参加することから排除されている人々がだんだんと多くなっている。アイデンティティが保全されていない状況のもとでは、自己決定能力をはぐくみにくいし、自らのアイデンティティに自信をもちにくい現実にある人間にとっては、確信をもって人生の自己決定・選択ができにくいことも明らかである。

▼さまざまな人権――国際連合の宣言や条約を紹介しながら

大戦終結の二か月前に署名された「国際連合憲章」(一九四五年一〇月から発効、国連広報センター訳)は、第一条で「人種、性、言語または宗教による差別なくすべての者のために人権及び基本的自由を尊重するように助長奨励することについて、国際協力を達成すること」を国連の目標に掲げた。つまり本憲章は、基本的人権とくに女性の人権の国際的保障のはじまりともなったのである。

世界人権宣言(外務省仮訳文)

一九四八年一二月一〇日に国際連合の総会で採択された「世界人権宣言」は、「すべての人間は、生まれながらにして自由であり、かつ、尊厳と権利とについて平等である」(第一条)ことを高らかに宣言した国際文書である。そこでは宣言に盛りこまれた人間としての権利と自由を「すべての人民とすべての国とが達成すべき共通の基準として」守っていくことを歴史上はじめて国際的に確認し合った内容となっている。それはアウシュビッツなど「人権の無視及び軽侮が、人類の良心を踏みにじった野蛮行為」（前文）の事実が明らかにされていくなかで、二度とナチスのような人権を抑圧する政権を登場させないための国際社会の決意を示すものであった。

その決意を前文で「人間が専制と圧迫とに対する最後の手段として反逆に訴えることがないようにするためには、法の支配によって人権保護することが肝要である」と謳っている。人権尊重社会の実現こそが戦後社会の目標であったといってもよい。

とくに同宣言の第二条では、「すべて人は、人種、皮膚の色、性、……いかなる事由による差別をも受けることなく、この宣言に掲げるすべての権利と自由を享有することができる」と謳われている。第三条では「すべて人は、生命、自由及び身体の安全に対する権利を有する」ことが明記されている。

これらの内容は一九六六年一二月に採択された国際人権規約（社会権規約、自由権規約）に引き継がれ、その他にも国連は「人身売買及び他人の売春からの搾取の禁止に関する条約」（一九四九年）、「婦人の参政権に関する条約」（五三年）、「女性差別撤廃宣言」（六七年）などの条約や宣言を作成し、一九七五年には「国際婦人年」を設け、八五年までを「国際婦人の一〇年」とすることで、各国政府の両性平等をめざす取り組みを促進することにつながっている。

女性差別撤廃条約（外務省訳）
人権に関する「宣言」は法的拘束力をもたないので、性差別をなくすための実効力の措置をとるためには、条約の制定が必要になる。条約制定の努力の結果、一九七九年に「女性差別撤廃条約」が国連総会で採択され、一九八一年から効力を発生するようになった。わが国においては一九八五年に批准され、同条約を守ることが国際的な義務となった。

これまでの条約や宣言と比べて、本条約のすすんでいるところは、第一に、女性に対する差別とは、「性に基づく区別、排除又は制限」（第一条）であることを明示していることである。「やっぱり女だから○○できない」「結局、女はがまんしなくてはならないのね」ということはないだろうか。またそれがあたりまえだと思っていないだろうか。この差別の定義から日常生活を見直してみると、まだ多くの性差別があるといわざるをえない。

第二に、「男は外で働き、女は家で家事と育児」という伝統的な性別役割分業をはっきりと否定していることである。第五条で「両性のいずれかの劣等性若しくは優越性の観念又は男女の定型化された役割に基づく偏見及び慣習」などをなくすために、具体的に行動を変えていくことがもとめられている。

また前文では「社会及び家庭における男子の伝統的役割を女子の役割とともに変更することが男女の完全な平等の達成に必要である」ことを強調している。社会における両性の平等をめざす取り組みに比べ、家庭での平等をすすめる取り組みはかなり遅れているのが現状である。

第三として、性行動に関して自己決定の権利があることを具体的に明記していることがあげられる。第一六条では「自由に配偶者を選択し及び自由かつ完全な合意のみにより婚姻をする同一の権利」、「子の数及び出産の間隔を自由にかつ責任をもって決定する同一の権利並びにこれらの権利の行使を可能にする情報、教育及び手段を享受する同一の権利」などが掲げられている。結婚に関する選択、さらには何人の子どもを出産するのかということについて、自分で決める権利を両性の平等の基礎として保障しているのである。

子どもの権利条約（国際教育法研究会訳）

子どもの権利条約は、一一年に及ぶ国連加盟国の論議をふまえて一九八九年一一月二〇日に国連総会において採択された国際条約である。わが国では一九九四年四月に国会で批准されることによって、一五八番目の批准国になり、国内でも国際条約として正式に発効することになった。また自国の法律として認めた締約国となることによって、条約内容を守る義務をもつことになった。ではその意義について考えてみよう。

本条約の意義について、第一に、ジュネーブ子どもの権利宣言（一九二四年）や子どもの権利宣言（一九五九年）などとちがって、国際条約であることによって政府に対する国際的な法的拘束力をもっていることがあげられる。

第二に、本条約は、前文と五四条の条項から構成されており、具体的な権利保障の内容が今日の子どもの実状に即して整備・拡充されている。ジュネーブ子どもの権利宣言が五項目、子どもの権利宣言が一〇項目であるのに比べ、子どもの権利条約は、あらたに「難民の子どもの保護」

（第一三条）や「休息・余暇、遊び、文化的・芸術的生活への参加」（第三一条）などの世界の子どもの現実と発達に必要な条項を網羅している。その土台となっている理念はwell-being（自己実現）であり、「子どもの生存および発達を可能なかぎり最大限に確保する」（第六条）ことに条約の本旨がある。

第三に、子どもの見方について、権利を享受する存在としての子どもの捉え方から、権利を自ら行使する存在としての子ども観で貫かれている。とくに第一二条から第一七条の市民的諸権利は、基本的におとなと同じ権利をもっていることを明記しており、子どもも権利を実際に行使することで発達・成長する存在であることに注目した内容となっている。

障害者の権利条約（外務省、川島聡・長瀬修仮訳がある）

二〇〇六年一二月、国連総会において全会一致で採択され、〇七年三月より各国の署名に開放されている障害者の権利に関する条約に関して、同年九月二八日、日本政府は閣議決定を経て署名（条約を国会で批准することの約束）を行なった。今後の国内法制の整備に向けた取り組みがますます求められている。

障害者権利条約は、前文(a)～(y)とアクセシビリティ（九条）、教育（二四条）、十分な生活水準及び社会保障（二八条）など五〇か条から成り立っている。

本条約の特徴は、障害者のために新しい権利を定めたものではなく、普遍的な人権を障害者の観点から定めたものであり、権利の内容は、経済活動、文化、教育などだれもが有するべきもので、これらを障害者が実現していくために必要な権利として、例えばアクセシビリティ（九条：自由に公共のサービスや施設を利用したりさまざまな情報を入手したりできること）が条項としてあげられており、これは他の条約には見られない内容となっている。

3　社会福祉の発展の指標――人間の安全保障――を考える

▼いのちの平等

社会福祉の発展の指標は、まず人間のいのちの平等をどこまで保障しているかということである。

二〇〇七年夏、福岡県北九州市でひとりの男性が生活保護を打ち切られたことが原因で餓死した。男性は亡くなる直前の日記に、「おにぎり　おなかいっぱい食べたい」と綴《つづ》って、この世を去った。生活保護は、いのちを守る最後のセーフティネット機能を持ち得ていない現状がある。

さらに格差社会の問題が鋭く表れているのが、国民のいのちと健康を保障するはずの医療の現実である。二〇一二年八月の社会保障改革推進法と一五年五月の医療保険改革法の成立などによって、「医療崩壊」「社会保障破壊」がマスコミでも取り上げられるようになってきた。「病気になったら、死ね」と国民は突き付けられている。「老人は死んでください、国のため」が川柳で詠まれるような時代となっている。

食べものや着るものは、経済能力に応じて安いもので我慢することがある程度はできるが、医療に対する要求はそれとは本質的に異なる。お金がないから医療を受けられないとなると、その結果、いのちの格差が生まれ、さらに貧困の拡大という悪循環が生まれる。そうならないために権利としての社会保障・社会福祉制度の確立が必要である。お金のあるなしで、人間のいのちの平等が踏みにじられてはならないのである。

▼人間の安全保障とエンパワメント

国連の人間の安全保障委員会は、「人間の安全保障」を「人間の生にとってかけがえのない中枢部分を守り、すべての人の自由と可能性を実現すること」と定義する。人間の生の中枢部分とは、人間が享受すべき基本的な権利と自由のことをいう（人間の安全保障委員会『安全保障の今日的課題』朝日新聞社、二〇〇三年）。

人間の安全保障は、一人ひとりに本来備わっている能力と希望をはぐくみ、勇気づけることをめざす。希望とは、人生へのチャレンジ権の確保であり、そのチャレンジに際して、エンパワメント（勇気と能力の形成）を促進することである。社会福祉は、その人の持っている人間の尊厳とエンパワメントをどこまで保障できているのかが問われている制度と援助実践の体系であるといえよう。

▼共生社会の実現

さらに社会福祉は、一人ひとりの自立をはぐくむだけでなく、人間同士の共生をどのように実現していくのかが本質的に求められている。共生のあり方は、保育園・学校などの子ども集団、会社組織のなかのおとなの関係、コミュニティのなかの相互関係、家族関係など、多様な場面と関係がある。社会福祉の機能は、そうした社会や集団から排除された人々を、ふたたび社会の政策決定過程に参加できることを支援し、自己実現をはぐくむ役割を担っている。

共生社会を壊すものとして、暴力がある。現在、家族は、子ども虐待、ドメスティック・バイオレンス、高齢者虐待という三つの側面から、その暮らしの機能が危機に瀕している。暴力とは、相手の存在を矮小化し無抵抗にしていく行為であり、人間の存在を真っ向から踏みにじるところにその本質がある。個人に対する暴力も、国家間の最大の暴力である戦争も許さず、人間を大切にし共生社会を創造していくためには、非暴力・平和の文化を形成していく課題が私たちの前にある。

平和が守られ、人権が尊重され、福祉の充実を柱とした共生社会の実現が求められている。そのためには戦争と福祉、社会という書物を読み解くちからが私たちに求められている。

【参考文献】

青木紀・杉村宏編著『現代の貧困と不平等――日本・アメリカの現実と反貧困戦略』（明石書店、二〇〇七年）
浅井春夫『子どもを大切にする国・しない国――子育てのなかのしあわせ格差を考える』（新日本出版社、二〇〇六年）
国際女性の地位協会編『コンメンタール女性差別撤廃条約』（尚学社、二〇一〇年）
藤井克徳『私たち抜きに私たちのことを決めないで――障害者権利条約の軌跡と本質』（やどかり出版、二〇一四年）
矢部宏治／須田慎太郎写真『本土の人間は知らないが、沖縄の人はみんな知っていること――沖縄・米軍基地観光ガイド』（書籍情報社、二〇一一年）

第2章　戦争をする国・しない国の分岐点

はじめに――戦争をする・しない国を分かつもの

日本は戦後七〇年にわたって戦争をしていない国である。二〇一五年は、「国際平和支援法」と安全保障関連法の是非をめぐって、国民的な議論と運動が展開された。とりわけ従来の社会運動の枠組みを超えて、運動参加者の規模、参加者の年齢層の若さ、労働組合や組織された運動の担い手とともに運動に初めて参加する市民的な広がりをもった層によって成り立っている運動であることが特徴的であった。

安倍政権が期待するように、国民が安全保障関連法とその実行化に関心を失い諦め、国民の怒りが一過性でだんだんと鎮められるという見通しに対して、この政治運動の経験は、さらに確信的な運動として展開されることになろう。集団的自衛権の行使容認の閣議決定を踏まえて、安全保障関連法案が上程されたときの「反対」「廃案」のスローガンは、成立した時点で、反対という不同意の意思表明の延長線上に、同法の廃止を求めることになったことも必定である。

本章は、第一に、戦争犠牲者の現実についてどのような数値が公表されているのかを検証し確認する。各国の比較資料などを通して、戦争の実相を歴史的統計的に読み取っていくこととする。第二に、アメリカをはじめとした戦争にかかわった国の歴史と現実を知るうえで、そのポイントを整理している。たしかに戦争をする国・しない国を単純な二分法で整理することはきわめて困難である。しかし戦争をしない国の基本構造や政治姿勢、社会運動などから、そうした基本方向へとすすめる力動関係を整理することを通して、戦争をしない国づくりの諸要素を抽出したいと考えている。

戦争をしない国であることの意義は、第二次大戦に関わることが少なかった北欧諸国などがいわゆる戦後処理に経済とエネルギーを割かなくてすんだために、戦前からの社会保障・社会福祉を継続的に発展させることによって、高次元の福祉制度を築いていくことができた戦後史がある。しかし、そうした北欧諸国やドイツなどの戦争の反省の上に戦後を築いてきた国々ですら、最近は戦争をするベクトルが強まり、ＩＳＡＦ（国際治安支援部隊、International Security Assistance Force）への参加国になっている現実がある。わが国においては、戦争法でＰＫＯ法（国連平和維持活動法）を改定して「非国連統括」型の活動への参加に道を開くことになる。そのことは安保理決議に基づいていることが前提になるが、けっして国連主導ではないのが実際である。ＩＳＡ

Ｆやアフガニスタンにおける「確固たる支援任務」（ＲＳＭ：Resolute Support Mission）などとして展開される可能性が高くなっている。

第三に、こうした国際状況を踏まえて、戦争をしない国の基本理念を整理し、戦争をする国・しない国の分岐点を考える材料としていただきたいと願っている。

わが国が安倍自公政権のもとで戦争をする国に突き進もうとしている現在、戦争をしない国のままでいること、さらにその基盤を確固たるものにするためにトータルな構造を考えることが必要である。そうした課題意識をもって本章を執筆している。

１　戦争の犠牲者はどれくらいあるのか

第二次世界大戦における軍人・軍属の戦死者数と民間人死者数に関しては、国、調査団体によってさまざまな説があるが、ここでは『タイムズ・アトラス　第二次世界大戦歴史地図　普通版』（ジョン・キーガン編／滝田毅監訳、原書房、二〇〇一年）に基づいた資料を紹介しておく。日本については、厚生労働省の資料による。

図１の第二次世界大戦の犠牲者数（死亡）をみると、軍人・軍属の戦死者数については、ソ連の戦死者が一四五〇万人と飛びぬけて多く、ドイツの二八五万人、日本の二三〇万人がこれに次

図1　第二次世界大戦各国戦没者数

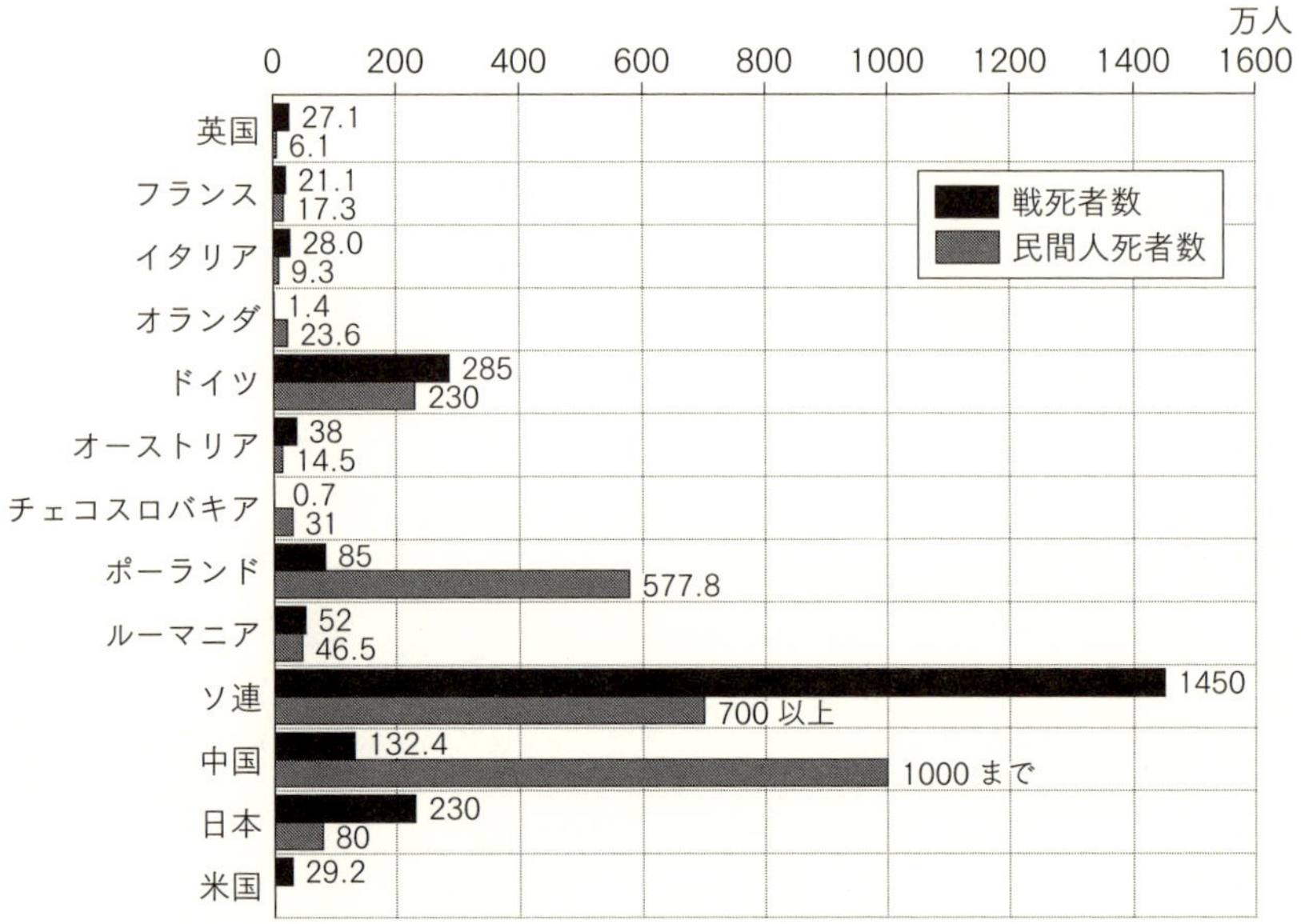

（資料）英タイムズ社「第二次世界大戦地図」、日本は東京新聞 2006 年 8 月 15 日付（厚生労働省資料など）

（出所）ジョン・キーガン編／滝田毅監訳『タイムズ・アトラス　第二次大戦歴史地図　普通版』（原書房、2001 年）、205 ページ

いで多くなっている。中国が一三二・四万人、オーストリア三八万人、ポーランド八五万人、ルーマニア五二万人を数えている。イギリス、フランス、イタリア、アメリカは、それぞれ二〇万人台である。アメリカは二九・二万人で、そのうちの五％（一・四万人）は三か月間の沖縄戦での戦死者である。

この図にある主要な国々の戦死者数だけで、総数二三七九・九万人を数えている。

民間人の死者数（負傷者は除かれた数）では、中国一〇〇〇万人まで、ソ連七〇〇万人以上、ポーランドで五七七・八万人、

表1　戦争における軍人と民間人の被害の割合

戦争の名称と戦闘期間	軍人・兵士	民間人
第一次世界大戦（1914年～18年）	92	5
第二次世界大戦（1939年～45年）	52	48
朝鮮戦争（1950年～53年）	15	85
ベトナム戦争（1964年～75年）	5	95

（註）第一次世界大戦は両者を総計して、100とはなっていない
（出所）杉江栄一・樅木貞雄編『国際関係資料集』（法律文化社、1997年）、99ページ

ドイツ二三〇万人となっている。日本は八〇万人である。ルーマニア四六・五万人、チェコスロバキア三一万人、オランダ二三・六万人、フランス一七・三万人、イタリア九・三万人、イギリス六・一万人の民間人犠牲者を出している。ちなみに戦場になることが基本的になかったアメリカは、民間人犠牲者をほとんど出していない。戦場になれば必ず民間人が巻き込まれ、死者・犠牲者が出るという至極当然の戦争の実態をこうした数字から読みとることができる。

図1の民間犠牲者（死者数）の総計は二七三六・一万人となっており、軍人・軍属の戦死者総数二三七九・九万人よりも多くの犠牲者を出している。合計数では五一一六万人である。

戦争における軍人と民間人の死者についてみると、つぎのような比率となっている。

戦争史のこの一〇〇年を概観すると、もっとも大きな転換は戦闘犠牲者の軍人と民間人の割合のちがいである。この一〇〇年で兵器の開発と戦闘方法の変化によって、軍隊同士の直接的な戦闘

方式と空中戦から、海軍による艦砲射撃で敵基地をまず叩き、中心的な陣地・軍隊に迫っていく戦闘方式へと変化していった。そうした戦闘方式は必然的に住民を巻き込んだ陣地戦の様相を呈することとなる。軍人と民間人を明確に区分して戦闘を行なう方式から、形態的には軍民が不可分の関係のなかで総力戦的戦闘が行なわれるようになった。その結果、**表1**にみるように第一次世界大戦期には一割にも達しなかった民間人の犠牲者の割合が、第二次世界大戦ではほぼ半数ずつとなり、第二次大戦後の戦争では民間人犠牲者の割合が圧倒的な数を占めている。

ここで確認しておきたいことは、今日、戦争が起これば大量の民間人が犠牲になるという事実である。そのことはイラン・イラク・シリアなどの戦闘地域の現実をみても、戦争はまずは民間人が犠牲の対象になるという事実を確認することができる。とりわけ第二次世界大戦後においては民間人の犠牲が圧倒的である。戦場の様相をみると、現代の戦争においては兵士だけではなく、民間人が標的になって展開されるようになっている。

2　戦争をした国・している国

（1）アメリカ

▼アメリカの戦後の軍事行動は三〇回に及ぶ

一九四五年の第二次世界大戦の終結後、日本は七〇年間、戦争で殺し殺されることは一度もなかった。日本が他国や日本以外の地域で軍事行動をとったことはない。人口五〇〇〇万人を超える国では唯一の国といってよい。

しかし軍事同盟国であるアメリカは、朝鮮戦争（一九五〇年〜五三年）、ベトナム戦争（一九六四年八月トンキン湾事件を契機にアメリカ軍が介入し、七三年一月ベトナム和平協定の調印を経て、七五年にアメリカの敗北という形で終結）、湾岸戦争（一九九〇年八月、イラクによるクウェート侵攻を契機に勃発した国際紛争で、九一年一月、アメリカを中心とした多国籍軍の空爆で始まった戦争）、アフガニスタン侵攻（二〇〇一年一〇月、九・一一への報復として「対テロ戦争」と位置づけて開始された）、イラク戦争（イラン、イラク、北朝鮮の三か国を〝悪の枢軸〟と名指ししたブッシュ米大統領の発言によって、二〇〇三年三月に開始される）などの大規模な戦争をはじめとして、「派兵や空爆などをふくめると世界中で30回近くの軍事行動」をとっている。(1)

一八九〇年～一九九九年の一一〇年で見ても、アメリカは一三〇の軍事介入を行なっている。(2)

第二次世界大戦後にアメリカが行なった軍事行動を列挙すると、以下のように大戦後の数年を除いて、ひっきりなしに他国への軍事介入と戦争を行なっている。(3)

一九五〇～五三年	朝鮮戦争
一九五八年	レバノン派兵
一九六一年	キューバ侵攻
一九六〇～七五年	ベトナム戦争
一九六五～六六年	ドミニカ共和国派兵
一九七〇年	カンボジア侵攻
一九七一年	ラオス侵攻
一九八二～八四年	レバノン派兵
一九八三～八四年	ニカラグア空爆
一九八三年	グレナダ侵攻

一九八六年	リビア空爆
一九八八年	イラン航空機撃墜事件
一九八九年	パナマ侵攻
一九九〇〜九一年	湾岸戦争
一九九二〜九四年	ソマリア派兵
一九九三年	イラク空爆
一九九四〜九五年	ハイチ派兵
一九九五年	ボスニア・ヘルツェゴビナ空爆
一九九六年	イラク空爆
一九九八年	アフガニスタン空爆
一九九八年	イラク空爆
一九九九年	コソボ空爆
二〇〇一年	イラク空爆
二〇〇一年〜	アフガニスタン戦争
二〇〇三〜一一年	イラク戦争
二〇〇三年	リベリア派兵
二〇〇三年	ハイチ派兵

二〇〇七年　ソマリア空爆
二〇一一年　リビア攻撃
二〇一四〜一五年　対「イスラーム国」攻撃
二〇一五年　オバマ大統領、シリアへの軍事攻撃の決断・実行

右のように、主要な戦争・戦闘をあげても紹介したような頻度で軍事行動を行なっている。すべてが防衛的な軍事行動などではなく、自国外への侵攻であり、「集団的自衛権」の発動・行使としての軍事行動である。

「権威のあるアメリカの軍事に関する通史である」[4]『アメリカ社会と戦争の歴史』（Ａ・Ｒ・ミレット&Ｐ・マスロウスキー著）によれば、「冷戦が終結してからも、『アメリカ流の戦争方式』の本質的要素が変わるようなことは何も起こらなかった。第二次世界大戦で明らかになったように、戦争遂行のための投資として、兵士の命よりもドルの方が好まれる」ことが指摘されている。[5]それは航空兵器や長射程で高度な命中精度を持つ兵器、電子偵察・誘導システムや熟練した兵士への投資を意味している。

こうした戦争方式の拡大路線は、「二〇〇二年以来、イラクやアフガニスタンへ派遣する地上軍兵士を交代させるために、一四五万八五七九人の将校と下士官・兵の増強が認められたが、これに比例して国防費も増加した。二〇〇二年会計年度の国防費は三二六〇億ドルであったが、七

年後の二〇〇九年には六六二〇億ドルと倍増した。景気後退の最中でさえも、アメリカの国防支出は、国内総生産（GDP）の四・八パーセント、連邦予算の二一パーセントを占めている。アメリカは世界の軍事費の四八パーセントを支出している」[6]ことが述べられている。

なお、一九四五年～二〇一三年の間に、世界では二一一三回の核実験が行なわれている。そのうち、アメリカは地下および大気中の核実験、臨界前核実験＋新型核実験を合わせると、一〇六五回、旧ソ連・ロシアで七三八回、フランス二一〇回、イギリス四七回、中国四五回などを数えている。[7]

▼「集団的自衛権」という軍事介入

集団的自衛権の行使を謳った軍事行動では、いわゆるニカラグア事件（一九八一年）、ベトナム戦争、湾岸戦争があり、イラク戦争ではイラクが大量破壊兵器を開発・保有しておりアメリカを攻撃する可能性があるというのが侵攻の理由であった。イギリス（ブレア内閣）と日本（小泉内閣）もアメリカの主張に即座に同調したが、事実は大量破壊兵器などなかったことが明らかになった。アメリカとイギリスは事実認識のまちがいを公式に認めたが、日本はあいまいにしたままである。

また一九九九年のアメリカ軍を中心とした北大西洋条約機構（NATO）によるセルビア空爆は、アルバニア系住民の人権を守るための「人道的介入」という目的が掲げられた「集団的自衛権」行使として、安全保障理事会の決議なしに行なわれている。

アメリカではないが、ハンガリー動乱（一九五六年）や「プラハの春」（一九六八年）への旧ソ連の軍事介入も「集団的自衛権」行使の具体化であった。

歴史的にみれば、軍事介入や戦争を開始する口実が「集団的自衛権」の行使であった。安倍政権下での「集団的自衛権」の行使容認の閣議決定と安全保障関連法の成立がどのような意味を持っているのかを、こうした歴史的事実を踏まえて読み解いていく必要がある。

「集団的自衛権」行使としての軍事介入を可能にしているのは、アメリカ軍の駐留している国と軍人の多さである。ロシア、フランス、イギリスなど国外に軍隊を駐留する国は多いが、アメリカはケタ違いに多い。米兵一三五万人のうち約一三万人が世界の一五三か国に駐留し、三八の国と地域に、五八九か所の基地や施設を持っている。(8)

ちなみに日本にいるアメリカ駐留軍の人数は五万三四一人で世界一位となっている。二位はドイツ（四万三〇四人）、三位は韓国（二万八五〇〇人）となっている。米軍基地の面積では、グリーンランド（デンマーク）、ドイツに次いで日本は世界三位である。とくに日本は、駐留する米軍の経費を負担するいわゆる「思いやり予算」（日米安保条約に基づき日本に駐留する米軍の法的地位などを定めた米軍地位協定は、二四条で「日本国に合衆国軍隊を維持することに伴うすべての経費」について「日本国に負担をかけないで合衆国が負担する」と規定しており、廃止すべきムダ遣い予算である）が、二〇一四年度で一八四八億円（二〇一五年度予算では一八九九億円と増額）を計上して

いる特異な国である。(9)

こうした現実を踏まえると、「集団的自衛権」の行使をアメリカから要請されるもっとも近い国は日本であるといえよう。

（２）ドイツ

▼過去の戦争への国の代表の姿勢

二〇〇八年三月一八日、ドイツ連邦政府のアンゲラ・メルケル首相は、建国六〇周年を迎えたことに敬意を表すためにエルサレムのイスラエル議会で演説をした。メルケル首相の演説の中では、歴史認識が重要な位置を占めていた。

「（ナチスによる犯罪という）ドイツの歴史の中の道徳的な破局について、ドイツが永久に責任を認めることによってのみ、我々は人間的な未来を形作ることができます。つまり我々は、過去に対して責任を持つことにより、初めて人間性を持つことができるのです」

「ナチスの残虐行為を相対化しようとする試みには、敢然と立ち向かいます。反ユダヤ主義、人種差別、外国人排斥主義がドイツと欧州にはびこることを、二度と許しません」

「ドイツは過去を忘れず、イスラエルのパートナーであり続ける」というメッセージを送り続けたのである。[10]

また二〇一五年一月二七日は、アウシュビッツ・ビルケナウ強制収容所をソ連軍が解放してから、七〇年目にあたる日であった。ベルリンではこの前日に、犠牲者の追悼式が行なわれた。ビルケナウ強制収容所では、ユダヤ人やポーランド人、シンティ・ロマ、ソ連兵捕虜、同性愛者など約一一〇万人が殺害されている。女性や子ども、障がい者も肉体労働ができないと判断された者はガス室で殺された。メルケル首相は演壇に立って、反ユダヤ主義を厳しく批判し、「私たちは、数百万人の犠牲者のために、過去を記憶していく責任があります」と語っている。[11]

▼ドイツの戦後

いうまでもないことであるが、ドイツの戦後はナチス・ドイツの過去の侵略に対する痛烈な反省を踏まえて、歴史教育による和解と共生のための歴史認識をはぐくむことが求められてきた。第二次大戦後のドイツでは、ナチスのような軍事政権の復活を防ぐために軍隊の任務は専守防衛に限定され、文民統制が敷かれた。そして兵士たちは自分の良心に従い、命令に黙従しないことと定められた。その点ではドイツは第二次世界大戦の反省から専守防衛を国の防衛政策の基本に考えてきた国である。

第二次世界大戦後のドイツの外交・安全保障政策の基本は、①「単独主義の回避」――多国間枠組みの重視、②ドイツからは二度と戦争は起こさないという「不戦の原則」、③「大量殺戮行為の阻止」の三つの柱で構成されてきた(12)。

ドイツでは戦後の基本法（憲法）で軍隊の出動は、NATO（北大西洋条約機構）の同盟国の防衛に限定されてきた。しかし一九九一年に、コール首相が侵略戦争を禁止する基本法の解釈を変更して、ドイツ軍がNATO域外でも活動ができると解釈を変更したのである。この外交政策の転換は、ドイツが戦争する国への転換点になったのである。

一九九五年にソマリアに第二次世界大戦後、はじめて軍隊を国外に派遣した。その後、旧ユーゴスラビアのコソボ紛争に関連して、セルビア空爆（一九九九年三月～六月）にドイツ空軍は第二次世界大戦後、はじめて戦闘に参加した。ドイツがはじめて第三国攻撃の空爆に参加したNATO（北大西洋条約機構）の空爆作戦は、②、③の原則を大きく逸脱したことは明らかである。人権侵害抑止の原則を「不戦の原則」に優先させたという指摘もあるが(13)、その後のドイツの外交政策をみると、決定的な転換点であったといえよう。

セルビア空爆というルビコン河を渡って以降、ドイツは現在、十数か国に派兵をしている。二〇〇一年にアメリカが開始したアフガニスタン戦争にも地上軍の兵士を派遣している。NATOが指揮するISAF（国際治安支援部隊）には三八か国、約二万人が派遣されてきた。

二〇〇九年一〇月現在、NATO全加盟国（ドイツを含む二八か国）が参加し、非NATO加盟国（EAPC）も、フィンランドやスウェーデンなど一〇か国が参加してきたのである。

ドイツはアフガニスタンに、二〇〇二年から一四年末まで、ISAFに毎年四〇〇〇人から五〇〇〇人を派遣してきた。世論調査で三分の二の人々が反対であったにもかかわらず、ドイツ政府（シュレーダー首相）は派兵を強行してきた。アフガン派兵で五五人が死亡し、PTSDの患者が四三一人を数えるなど、深刻な状況を抱えることになっている(14)。

アフガニスタン治安部隊への権限の移譲が完了することによって、ISAFは二〇一四年一二月に終了している。基本的にはNATOによる訓練と支援任務に移行している。二〇〇一年から二〇一四年までの一三年間で各国の部隊要員約三五〇〇人が犠牲になっている(15)。

最近の難民の大量受け入れという方針（二〇一五年九月段階で八〇万人の受け入れ）は、ドイツの戦後貫かれている基本原則といってよい。ドイツ連邦軍の国際協調活動は、軍事的対応と民生復興支援を組み合わせた方向にすすんでいるとみることができるが(16)、軍事的対応の内実は、残念ながら戦争をする国としての側面が強く押し出されていると言わざるをえない。戦争・戦闘への参加がどのように具体化され、いかなる犠牲を払うことになるのかを、ドイツの近年の動向から学ぶことが必要であろう。

▼「歴史リスク」を重視するドイツ

とはいえ、ドイツの過去との対決と対話が単なるパフォーマンスではなく、戦後を通して政権を含めて不断の社会運動として展開されている点は、日本の戦後の姿とは決定的に異なっている。ドイツの過去との対決には、「歴史リスク」を減らすという現実的な理由がある。

「歴史リスク」とは、戦争中に被害を与えた国から、歴史認識について批判されて、外交や経済的な摩擦が生じ、国家的な損失を被ることをいう。歴史リスクを無視・軽視する国は、他国との不必要な摩擦を生み出し、不利益を被ることになる(17)。「歴史リスク」は戦争の被害国はその事実を忘れることはないという立脚点に立つことで理解できる。歴史教育における「過去の克服」のあり方が問われている。それはドイツにおいても、日本においても、イタリアにおいてもしかりである。

過去の歴史において問題になるのは、ナチ体制下の一二年間に何が起こったかというだけではない。ナチズムがなぜ生まれたのか、その状況にどのように取り組んできたのかなどの課題が同時に問われている。多くの国民が国家的犯罪に対する国民個人の罪や責任を考えることが見過ごされ、不問に付されたことも重要である。「自らの罪、過ち、不作為、卑怯を認め、そこから学ぼうとすることが市民的勇気(18)」というものである。

そうした歴史教育に真摯に向きあっているドイツの姿は、日本が学ぶべき国の姿勢である。

（3）日本

▼日本の戦争の頻度と戦費の膨大化

安全保障関連法の成立を推進した人たちは、日本は決して戦争をするはずがないと主張するが、歴史の現実をみれば戦争する期間がいかに多かったかがわかる。

歴史を具体的にみると、一八九四年～二〇一五年の一二一年間で、六回の戦争にかかわっており、二〇年間に一回は他国と戦争をしてきたことになる。

一八九四～九五年	日清戦争
一九〇四～〇五年	日露戦争
一九一四～一八年	第一次世界大戦
一九三一～三三年	いわゆる〝満州事変〟（十五年戦争開始）
一九三七～四五年	日中戦争（いわゆる〝支那事変〟）
一九四一～四五年	太平洋戦争

戦後七〇年間は戦争に直接かかわっていないが、戦前だけをみれば、五一年間で六度の戦争、一〇年に一度は戦争をしていたことになる。戦争をしていた期間はあしかけ二五年にわたることになる。二〇世紀も前半は戦争の世紀を突き進んでいた。戦争の世紀をストップさせてきたのが憲法第九条であり、戦争を繰り返させてはならないという国民の声であった。

戦争へ向かう国では、国家予算に占める「直接軍事費」の割合は膨大に膨れ上がっていくことになる。国家予算に占める軍事費の割合は、日清戦争時で六九・二％、日露戦争の時期には八二・三％、太平洋戦争の末期（一九四四年）には八五・五％を占めるまでになっていた(19)。また使途の八割以上を占めたのは兵器を中心にした「物件費」であった(20)。戦争で儲ける企業があることが戦争政策の推進力ともなっている。戦費のうち、民間企業に支払われたのは少なく見積もっても七割以下になることはない(21)。

「今次の戦争のための直接的戦費は、現在（昭和二八年平均）の物価にしておよそ八十九兆円、すなわち今日の予算規模で九十年度分の予算が九ヵ年たらずの戦争のために消費された」のである(22)。

戦争は社会保障・福祉の充実への転換をともなってすすむ時期でもあったという見解があるが、少なくとも太平洋戦争・第二次世界大戦の日本の現実をみる限りは、国民生活を犠牲にした膨大な浪費がされたことを確認することができる。そして最大の犠牲と浪費は、国民のいのちであった。

▼現在の予算における軍事費（防衛関係費）

安倍晋三内閣が閣議決定した二〇一六年度予算案の軍事費（防衛関係費）は約五兆五四一億円と過去最大となっている。在日米軍への「思いやり予算」など、日米安保条約・地位協定上も支払い義務のない米軍関係経費が多く含まれている。沖縄県民の多数が反対している名護市辺野古の米軍新基地建設費も全額日本側負担として計上されている。この建設計画は米軍の日本におけるさらなる基地強化を許す根拠となっており、辺野古の基地建設はストップさせること以外、沖縄のさらなる軍事基地化を止める道はない。ところが、沖縄県名護市の辺野古への基地移転にともなう基地機能の拡大強化が進められようとしている現実がある。

沖縄の普天間基地（宜野湾市）に代わる名護市辺野古の最新鋭基地の建設や、厚木基地（神奈川県大和市、綾瀬市、海老名市）からの米空母艦載機部隊移駐に伴う岩国基地（山口県岩国市）の大増強など、「米軍再編計画」を実施するための経費（米軍再編関係経費、二〇一五年度）は歳出ベースで総額一四六一億円（契約ベースで三一一二億円）となっている。

こうした状況を垣間見るだけでも日本が戦争法に基づいて、戦争体制の軍事的基盤を形成しつつあるといえる。安倍政権は歴史の教訓を顧みることもなく、立憲主義・平和主義・民主主義を踏みにじる道を暴走している。戦争関連法の廃止と「集団的自衛権」容認の閣議決定を撤回させることは、この間の運動の延長線上にある当然の方向である。

３　「戦争をしない国」という構想

▼戦後、戦争をしなかった国とは

　戦後七〇年間、戦争をしなかったのは国連加盟一九三か国のうち、アイスランド、フィンランド、スウェーデン、ノルウェー、デンマーク、スイス、ブータン、日本といわれることもあるが、ブータンと日本以外はアフガンISAFに参加しており、アイスランド、ノルウェー、デンマークは軍事同盟であるNATOに加盟している。とくにデンマークは、二〇一四年以降、イラク空爆の有志連合に参加し、ISAFにも派兵して四三人の戦死者を出している事実がある。

　この七〇年間戦争をせず平和を維持してきた国は、世界一九六か国（国連未加盟国を含む）の中でも、日本だけといってよい。

　たしかに、北欧諸国は第二次世界大戦でも中立をめざした経緯があり、スウェーデンをみれば、現在、欧州における平和の「代償」として、国防軍の軍縮がすすめられ、徴兵制は廃止されている。(23)

　しかし二〇一一年に米英連合軍による侵攻で開始されたアフガン戦争では、中立国だったスウェーデンも最大時五〇六人を派遣、死者五人を数えている。フィンランドは派遣一八一人（死者二人）となっている。アイスランドは八人（死者なし）、スイスも密かに三二人を出し、軽傷者二人との報道もあった。

先述のように、ドイツは最大時五〇〇〇人を派遣し、死者五四人を出した。そしてオーストリアは派遣三人（死者なし）である。

▼戦争をしない国の基本構造

軍事同盟であるNATOに加盟していたり、ISAFに派兵し死者を出していたりする国々もあるが、戦後積極的に戦争に加担した経験の少ない北欧諸国や、コスタリカのように軍隊を放棄した国もある。パーフェクトではないにしても、「戦争をしない国」のあり方として学ぶべき点を持っている国々から、基本構造を抽出してみたいと思う。

まず第一に、憲法政治（立憲主義）の構造が基礎にある。日本もそうであるが、コスタリカも一九四九年憲法（全一八章）で、常備軍の不保持（第一二条「恒久制度としての軍隊は廃止する」）を定め、積極的平和外交、整った福祉制度が根幹にある。(24)

ちなみに軍隊を持たないことは国防を放棄していることと同じではない。緊急時における警察や沿岸警備隊（日本では海上保安庁）による対応、あるいは緊急時における国防軍の設立など、それぞれの国が対応している。警察、沿岸警備隊、特別警察などのいわば〝準軍隊〟が機能することが用意されているが、あくまでも準軍隊であり軍隊ではない[25]。

戦争放棄、軍隊不保持、交戦権の放棄などを明示した日本国憲法第九条を軸とした憲法学習が、あらたな時代の不戦運動として展開される必要がある。

第二に、軍隊を持たないことが戦争をしない国の骨格であることは言をまたない。国連加盟国は一九三か国（二〇一五年七月現在）で、そのうち世界の二六か国が軍隊を持たない国（一三％）である。軍隊を持たないだけでなく、軍隊を持たないなかで安全保障を具体化する、ガルトゥングが提唱している「積極的平和」を実現することこそが求められている。国家は軍隊を持たなくても存在しうることを小国においては具体化してきたが、比較的大きな国で、軍事的拡大が進行しているもとでも、一人も殺し殺されることのない平和を守ってきた日本の戦後史と現状は評価されるべきである。世界に向けて、九条の価値を宣伝していく国際的な使命が日本にある。ノーベル平和賞の対象として大いに押し出していきたいものである。

第三に、「永世中立」を宣言し、中立を国是としていることがあげられる。永世中立は、非武装中立と武装中立に分類することができる。前者はコスタリカであり、後者はオーストリア、カンボジアなどがあげられる[26]。他にスイス（憲法には明示していないが、政策として維持してきた）もあげられる。

第四に、戦争をしない国であることを支持し、守り、発展させていくことをめざしている広範で強固な運動が社会に存在していることがあげられる。「九条の会」や「憲法会議」、さらに各地域・各層・各大学などの「安保法（案）に反対する会」などの運動が戦争をしない国の基礎構造としてある。とくに日本の現在のように国会における政治勢力の多数が戦争推進勢力となっているもとでは、院外での運動のちからが重要である。政治は国会議員の専売特許ではなく、国民の手に取り戻すことが重要な課題となっている。

第五として、戦争推進勢力を批判する研究者集団や研究運動団体、地域運動、政治運動、市民運動などが存在していることがあげられる。それは平和運動と平和文化を創造する運動が存在していることとセットである。日本においては「日本会議」に代表される靖国派などの政治勢力があるが、それと対抗する全国各地の運動があり、その数はまさに国民の意識ある多数派を形成していることに確信を持ちたい。

第六に、国レベルだけでなく、自治体・地域ぐるみの平和の実現が重要である。〝国の平和のために〟地方が犠牲になっている実態は、「戦争をしない国の基本構造」としては欠陥状態である。その点では「平和憲法と無縁だった沖縄」の現実を変えなければならないし、戦争法廃止の運動と辺野古新基地建設阻止の闘いを一体のものとして位置付けることが重要である。(27)

▼戦争をしない国・軍隊を持たない国であることの利点

戦争をしない国でいることの利点を整理しておきたい。

第一に、戦争をしないことで、最も浪費的な兵器や燃料購入、兵士の徴用に財政を投入することがない分、福祉や教育、医療などに財政投入ができる。大きな枠組みでみれば、〝大砲かバターか〟という課題設定は現在もその国の姿勢として問われるべき選択肢である。

第二に、軍隊を持たないことで、軍隊の維持費分を人間の暮らしや教育分野にまわすことで、〝人間の安全保障〟のための施策を充実させていくことができている。安全保障政策において、国家の安全保障ではなく、人間の安全保障への転換をするかどうかが問われている（「人間の安全保障に関する国連総会決議」二〇一二年九月一〇日）。

第三に、戦争をすれば、建物の被害とともに戦争孤児や戦争による障がい者などを生み出すことになる。その現実は福祉や医療の対象を増大させることになり、結果として戦争の〝後始末的な施策〟に財政を投入せざるをえなくなる。戦後の応急的な施策ではその福祉・教育・医療などの質は低劣にならざるを得ないのである。北欧の高福祉水準は、二度の世界大戦に加わらなかったことで福祉の発展を中断し阻害しなかったことが大きい。

第四に、軍隊によるクーデターという事態を未然に防ぐことがあげられる。軍隊が政治権力を踏みにじってしまう機能を持っていることも厳然たる事実であり、国内における武力行使・戦争状態をつくることを防ぐことにもなる。

第五として、軍事力に頼らない平和の確保のためには、いかなる外交が必要であるかを議論することで国民的合意を形成し、生活レベルでの平和を実現していくことが重要になっている。そうしたプロセスが立憲主義に基づいて平和主義と民主主義を具体化する民意を形成することにつながっていく可能性が大きいといえよう。

つぎにあらためて世界の軍事費について論究しておきたい。

4　世界の軍事費の現状と課題

図2の日本の軍事費（防衛関係費）の推移にみるように、一九九〇年度に四兆円を初めて超え、ついに二〇一六年度は五兆円を超えるところまできている。

一五年度からは七四〇億円増額して、五兆五四一億円と過去最高額を更新している。こうした軍事費の推移をみても、日本は二〇一三年度以降、確実に軍事費を増やしており、軍事機能は拡充しているのが実際である。

とくに防衛省の後年度負担（高額兵器を購入したような場合に、単年度では支払いできないので、ローン支払いを行うしくみ）が増加している。二〇一六年度の後年度負担は四兆六五三七億円で過去最高となっている（「しんぶん赤旗」二〇一六年三月七日付）。軍事費に関してもアメリカへのローンという形でがんじがらめに従属している現状がある。

つぎに、スウェーデンのストックホルム国際平和研究所（Stockholm International Peace

図2　日本の軍事費（防衛関係費）の推移

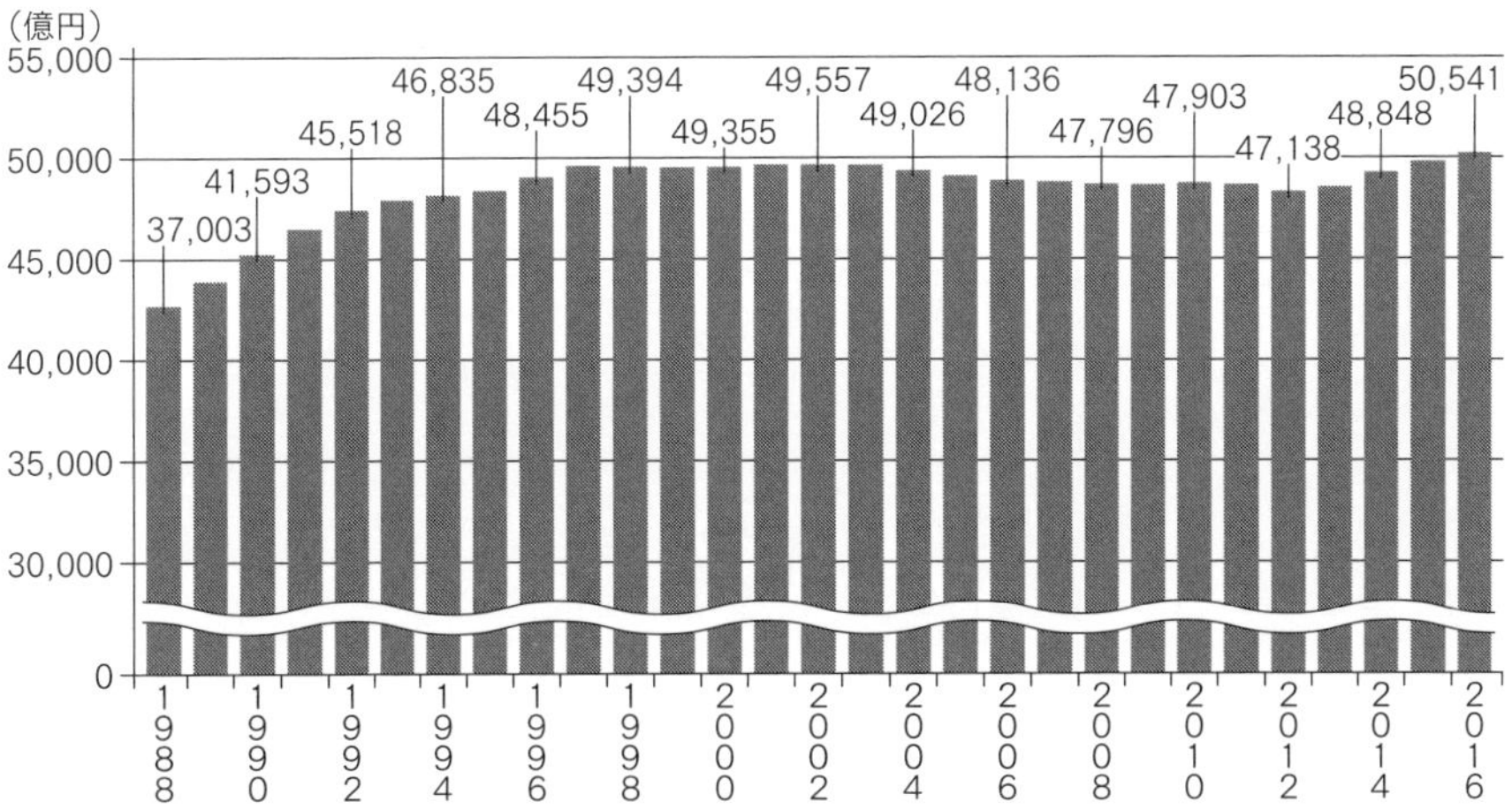

（註）1997 年度以降は SACO・米軍再編経費込み。2016 年度は当初予算
（資料）「防衛白書」より浅井作成

Research Institute = SIPRI）が発表している世界の軍事費についての動向を紹介すると、二〇一四年の世界の軍事費支出は三年連続で減少しているものの、前年比〇・四%減の総額一兆七七六〇億ドル（約二一三兆円）となっている。日本の国家予算の二倍を超える額が軍事費に投入されているのである。

また、軍事支出費の国別シェアランキングは、**表2**の通りで、アメリカが世界の軍事費の三七%を占めており、依然としてトップの座にある。中国は一一%で二位。日本は八位、韓国は一〇位に位置している。

世界の軍事費は、世界全体のGDP（国内総生産）の二・四%を占め、世界人口の一人当たりに換算すれば二四八ドル（二〇一六年二月一三日のレートで二万八〇九一円）の支出に当たる。世界の軍事費の約八割が上位一五

表２　軍事支出費の国別シェアランキング（2013年）

順位	国名	世界の軍事費に占める割合
1	アメリカ	37.0%
2	中国	11.0%
3	ロシア	5.0%
4	サウジアラビア	3.8%
5	フランス	3.5%
6	イギリス	3.3%
7	ドイツ	2.8%
8	日本	2.8%
9	インド	2.7%
10	韓国	1.9%
11	イタリア	1.9%

（出所）ストックホルム国際平和研究所。SIPRI Yearbook（軍備・軍縮年鑑）: Armaments, Disarmament and International Security2013 “Global military spending”

か国で占められており、その軍事費の四八%をアメリカと中国の二か国だけで占有しているのが実状である。膨大な軍事関係費が世界で支出されている。世界の国々が軍縮に向かうことは一層重要な課題となっている。

　地域別（表3）では、アフリカや中米、アジアなどの国々が軍事費を相当増加させている。東アジアは前年比で四・七%増加した。そうした動向は軍事増強を続ける中国が日本やフィリピン、ベトナムなどとの領有権争いを繰り広げる中、日本を含めて、軍事支出を増やす国々が目立ってきているからである。

　また、イギリスのシンクタンク国際戦略研究所（International Institute for Strategic Studies、略称ＩＩＳＳ）が発表した「The Military Balance 2013」によると、軍拡を進める中国に対応してインドやパキスタンなど周辺国も連鎖的に軍備を増強しており、二〇一二年にははじめてアジアの軍事費が欧州を上回っている現状がある。
世界の軍事費の増加は、戦争の危険性と脅威を増し、人間の安全保障を脅かしている。

表3　世界の軍事費（2013年）

地域別	支出（＄b.）	変動（%）
アフリカ	44.9	8.3
北アフリカ	18.7	9.6
サブサハラ砂漠のアフリカ Sub-Saharan Africa	26.2	7.3
アメリカ大陸　Americas	736.0	−6.8
中央アメリカとカリブ	9.6	6.0
北アメリカ	659.0	−7.8
南アメリカ	67.4	1.6
アジア＆オセアニア	407.0	3.6
中央アジア＆南アジア	63.7	1.2
東アジア	282.0	4.7
オセアニア	25.9	−3.2
南東アジア	35.9	5.0
ヨーロッパ	410.0	−0.7
東ヨーロッパ	98.5	5.3
西部＆中央ヨーロッパ	312.0	−2.4
中東　Middle East	150.0	4.0
世界総計	1747.0	−1.9

（註）支出の数値は、米ドル（2013年）で表記。すべての変動は実額ベース
（出所）ストックホルム国際平和研究所SIPRI Yearbook（軍備・軍縮年鑑）：World military spending, 2013

5　戦争をする国・しない国の分岐点
——日本が戦争をしない国であり続けるための条件

戦争をしない国であるためには、表4にみるように、いくつもの国の針路に関する分岐点のポイントがあることを整理しておくことが必要である。

「積極的平和主義」が安倍政権によって標榜されているが、立憲主義、民主主義を踏みにじる中で、平和主義が具体化できるはずがない。いま安倍政権のいう「積極的平和主義」ではなく「積極的平和」を実現するためには、戦争をめぐる分岐点を明確にし、なにを大切にすることが平和を実現する土台になるのかを提示しておくことが必要である。

その前提として用語について整理しておくと、「平和学の父」と評されるヨハン・ガルトゥング博士のいう「積極的平和」とは貧困・抑圧・差別などの「構造的暴力」がない社会状況のことをいうのであり、集団的自衛権の行使によって武力行使・戦争を積極的に推進することを本質的な内容としている「積極的平和主義」とは似て非なるものである。

戦争をする国・しない国の分岐点を整理しておくと、第一は、時の政権と国民が過去の戦争をどのように評価し、反省と不戦の決意をしているかどうかである（表４の①、②）。自国の過去の侵略戦争を認めようとせず、侵略の事実を正当化し、真摯な反省と謝罪ができない国は戦争政策を継続・拡大・発生させる可能性を孕《はら》んだ国である。その点で誠実に平和を希求するという観点からは「戦後七〇年　安倍談話」は失格であった。

第二に、一人ひとりの人間の尊厳＝人権を尊重し、その具体化のための人権教育、平和教育を真摯に追求している国であるかどうかである（③、④、⑤、⑥、⑨）。日本国憲法では、第一三条（個人の尊重・尊厳）で「すべて国民は、個人として尊重される。生命、自由及び幸福追求に対する国民の権利については、公共の福祉に反しない限り、立法その他の国政の上で、最大の尊重を必要とする」と明記されている。

その点で、日本では国家の安泰がまず上位にあって、それでこそ国民の安全が保障されると考えられていることが多いが、憲法一三条の考え方の基本は、一人ひとりの尊厳としあわせが保障され、それらが束となって、本当の国のしあわせがあると捉えるのである。

第三に、国民のいのちと福祉を大切にするかについて、社会保障・社会福祉財政の重視か軍事費への財政の傾注かが問われる分岐点がある（⑦、⑧、⑫、⑮）。

二〇一三年度の社会保障給付費（ＩＬＯ基準）の総額は一一〇兆六五六六億円であり、集計が

表4　戦争をする国・しない国の分岐点

分岐点の指標	戦争をする（めざす）国の特徴	戦争をしない国の特徴 ※具体的な国をほとんど例示できない現状のもとで、追究すべき像として提示
①過去の侵略戦争への真摯な反省と不戦の決意	侵略戦争であることを認めようとせず、侵略の正当化の論理をウソ・誤情報を流し、デッチあげさえも行い（イラク戦争はイラクが大量破壊兵器を隠しているという理由で侵攻）、戦争政策を推進する国。侵略戦争を行なったことへの真摯な反省とお詫びのできない国――戦後 70 年安倍談話の内容。	戦争をしない国であることを国是として堅持しようとする国 軍隊を持たない国であり続けようとする国。 非核の国であり、軍事同盟に加盟しない国。
②“戦後処理”を国として適切に対応しているかどうか（戦後処理とは、戦争被害の賠償・補償のことをいう）	戦時性暴力、従軍「慰安婦」問題や強制連行・強制労働（シベリア抑留や朝鮮人等の強制連行）などに関しても歴史的な反省といわゆる「戦後処理」に誠実に向かい合わない国。また遺骨収集（日本は 113 万柱に上る海外の遺骨が未収集）[1) 2)]、戦争トラウマへの対応が不十分なまま（アフガニスタンとイラクに派兵された 200 万人のうち 50 万人が PTSD と TBI〔外傷性脳損傷〕に苦しんでいる）[3)] ことに必要な対策を講じていない国。	戦争が起これば、どのような被害が出るのかを、戦争博物館などを通して戦争の現実をできるだけ次世代に伝える努力をし続けている。ただし「戦争博物館・記念館」「慰霊碑」なども戦争の被害者が多くの民間人を巻き込み、兵士も死傷し、その後も苦しみ続けていることを伝える姿勢が明確な場合と、“戦争英雄”を顕彰し、戦争を肯定し、“正義の戦争”として宣伝する内容が中心のものがあることに留意する必要がある。
③個人の尊厳か国家イデオロギーの強調か	まずは国家の安泰があってこそ国民のいのち、安全・安心を保障できると考え、そのために強大な軍事力が必要であり、“抑止力”ともなると考える国。国のために、	個人の尊厳を大切にし、個人のしあわせが束になって国の安心・安全があると考える国のあり方を追求している国。たとえば日本国憲法第 13 条「すべて国民は、個人

	個を捨てることも辞さないという国家主義的な「道徳」を教育分野、マスコミ、国民会議などの民間団体などを通して、国民に注入する国。 文部科学省は2015年3月、学校教育法の施行規則を改正し、道徳を「特別の教科」に“格上げ”し、2018年以降、道徳を教科化することを決定している。その基本的内容はすでに「心（こころ）のノート」で示されているといってよい。	として尊重される。生命、自由及び幸福追求に対する国民の権利については、公共の福祉に反しない限り、立法その他の国政の上で、最大の尊重を必要とする」と規定しており、そうした条項の基本姿勢を政治のあり方の根底に据えているかどうかが問われている。国家のために国民が犠牲になることがあってはならないと考えることが国の基本姿勢となっている。
④平和教育に対して国として努力し続けているか、後退・放棄しているか	歴史・公民・家庭科教科書などで戦争政策の合理化を説明する内容に傾斜することが多く、戦争の事実・現実・真実を修正・矮小化する国である。 戦争が国民のいのちを蔑ろにし、一人ひとりの人生を踏みにじってきたことを隠し続けている国である。	戦争の現実を教科書に盛り込み、世代的に戦争の記憶を継承する努力をさまざまな方法で続けている。戦争の記憶をさまざまな形で残そうと努力しているかどうかが国の姿勢として問われている。 たとえば、ドイツもまた第二次大戦後、戦争にかかわってきた国であるが、日本と比べてドイツの高校の歴史教科書では全体の151頁のうち約50頁がナチ時代の記述となっている[4]ことなどは、平和教育を追究しているという点では大いに学ぶべきである。
⑤若者を大切にする社会か、蔑ろにする社会か	総務省「平成24年就業構造基本調査報告」によれば、性・年齢別未婚有業者の年収200万円未満率（2012年）は、20—24歳では全体で52.4%、男性47.5%、女性57.1%である。若者の半数は貧困状態のままで深刻化しており、24歳未満の若年労働者の約半数が非正規雇用の実態にある。	義務教育（基礎教育）から大学院まで、教育が無償で保障されており、リカレント教育を含めて教育にお金のかからない、人間を見捨てない国のあり方が追求されている。人生の歩みだし3分の1時期の社会保障という観点から、若者の労働権および生存権保障に関して、労働政策と社会保障政策で位

	アメリカでは、貧困層の雇用の受け皿は、最終的には軍隊の兵士となっており、大学に行くための条件として軍隊志願する若者が少なくない。それを経済的徴兵制ということができる[5]。	置づけている。若者の豊かさの実感、しあわせ感の充実度は戦争政策への抑止力となる可能性が大きい。
⑥女性を大切にする社会か、蔑ろにする社会か	世界経済フォーラムが毎年発表する「男女平等（ジェンダー・ギャップ）指数ランキング」（142か国、2014年）[6]で、国家予算における軍事費の比率が高く、国際的にも有数の軍事大国10か国をあげれば、ドイツ12位、フランス16位、アメリカ20位、イギリス26位、イタリア69位、ロシア75位、中国87位、日本104位、サウジアラビア130位、インド114位となっており、上位10にはどの国も入っていない。	女性を大切にする指標は、①女性の人生選択権（結婚する・しない、子どもを産む・産まない、離婚も含めて）を公的に認めている国、②働き続けることも選択肢として社会的に保障されている国―その際、正規雇用か、非正規雇用か、パートタイムかは女性の選択権に委ねられている―、③子育てに関して、公的に認可保育所などの利用が保障されており、待機児童問題などは解決されている、④プライベート領域においても両性の平等が追求されている、⑤性的な暴力や迫害から社会的に守られていること、⑥女性の専門職や管理職の配置を労働政策として意識的に追求されている、⑦女性が本当に輝くために、女性政策を本気で策定し具体化する意思がある国が求められている。
⑦社会保障・社会福祉財政の重視か、軍事費か	社会保障給付費の国際比較（OECD、2011年）でみると、アメリカ19.3％、イギリス23.7％、日本23.7％などであるが、傾向としては社会保障財政を抑制・削減する国であり、軍事費の比重を高めている国である。軍事費への予算配分の傾斜は、民間軍事産業の利潤を膨張させることになる。	基本的には軍事費、戦争経費・財源を持たない国であることが、戦争をしない国の財政的基盤である。歴史的にみても戦争と人間を大切にする社会保障・社会福祉は両立しないのであり、社会保障給付費の拡充を具体化することは戦争政策への歯止めのひとつとなる。

⑧いのちの危険を一部の地域・住民に押し付ける国かどうか	軍事基地や原発を特定の地域に押し付けている国。日本においては国の面積に占める割合が0.60%の沖縄に、米軍基地の74%を押し付けたままでいる。さらに普天間基地の辺野古への移転にともなって、基地機能の拡充と恒久化を図っているのが実際である。	基地や原発（放射性廃棄物の放射線発生期間は約500年といわれており、100年間は人間が近づくこともできない）に関して、いのちを危険にさらす可能性が大きいことに警鐘を鳴らし続け、自国には配備しないことを明確にしている国。
⑨人権の尊重とジェンダー平等教育への姿勢	性別の特性論に依拠して、ジェンダーの刷り込みをすすめることを基本方針にしている国。性教育に関して、生命尊重を過度に強調する教育を強制することによって、性的自己決定能力の形成には極めて否定的である。	両性の平等を社会・労働環境だけでなく、家庭における平等の具体化を実現することを大切な視点として教育が実践されている。マイノリティの人権を保障することを国・行政の姿勢として大切にしている。
⑩男性イデオロギーの強調と醸成	戦争体制を思想・文化的に形成するために“男（らしさ）”イデオロギーを男性に注入するための道徳、公民、家庭科教科書が作成され、教育現場に押し付ける国。そのことは男を支える女性の役割論とセットになっている。宗教やマスコミから子ども・青年層にイデオロギーの注入が繰り返し行われている。	ジェンダー平等教育と性教育を市民教育の基本的な構成要素として、公教育のなかで具体化している。同性愛の容認、同性婚の社会制度化などの改革が進められている。
⑪戦争推進勢力への社会的評価と対応	民間軍事会社はいまや全世界に500社以上も存在しており、社会的に容認する状況にある。日本においては日本会議などの歴史修正主義の集団が政権からも認められ、政界に大きな影響を与えている。ヘイトスピーチなどに関しても放任される傾向にある。	戦争犯罪に関して、あいまいにせずに追求し続けている国。戦争勢力の動きに対して、市民が機敏に反応してリアクションを起こしている国。 戦争と平和に関するテーマが選挙の重要政策になる国。

⑫いのちの尊厳を真摯に追求する国のあり方	戦争や戦闘は必然的に戦死者や戦傷者をつくりだすことに真摯に向き合おうとせず、“国家のための、正義の、国を守るための”軍事行動であることを強調する。他国・自国の被害が想定されていても事実を隠蔽する。湾岸戦争において劣化ウラン弾が使用されていたことが隠蔽されていた。 国民の貧困、孤独死や自死の現実に対して、必要な対策をとることに本気ではない国々。	憲法の前文や基本的人権条項や子どもの権利条約、女性の差別撤廃条約、障がい者の権利条約などの国際条約を批准し、締約国として政治の基本に据えることを宣明し、具体化している国々。 いのちの尊厳を常に考え、議論することを国・行政が提起し、戦争体験の記録と記憶を残す努力を続けている国。
⑬情報が国家管理されている国か、国民の知る権利が保障されている国か	国家の情報は極力公表を避け、国民の個人情報・プライバシーは国家による管理が推進される。日本の特定秘密保護法の制定は、戦争の最初の犠牲者は国民に必要な情報であるということである。 アメリカは「情報自由法」を制定しているが、国家安全保障情報に関しては「大統領令により定められた基準に基づき、国防又は外交政策のために秘密にしておくことが特に認められ、かつ、大統領令に従い、実際に秘密指定が正当に行われているもの」は不開示情報として設定されている。	不開示情報について、個人情報、法人等情報、国家安全情報、公共の安全等に関する情報、審議・検討等に関する情報、行政機関の事務・事業に関する情報の項目を設けているが、国民の知る権利を保障することを大事にしている。国民が必要な情報に容易にアクセスできるようにする責任を国が持っている。
⑭国民のための安全保障政策を誠実に考える国かどうか	安全保障を国家の安全保障のことに限定している。軍事費・防衛費の拡充に比重を置き、兵器のバージョンアップが繰り返されている。 核の保有、軍事力の強化が戦争を防ぐ抑止力になると強調する国。	人間の安全保障に力点を置く、もしくは力点を移しつつある国のことをいう。経済の安全保障（安定した基本収入や雇用の確保など）、食糧、健康、環境、個人（犯罪、暴力、戦争などの脅威から身を守ること、女性や子供の安全確保など）、地域社会、政治の安全保障

		（基本的人権の確保、圧政への対応など）などを指標とする[7]。
⑮国民の多数が幸せと感じる国かどうか	国民の幸福度調査（国民1人あたりの実質 GDP〔国内総生産〕、健康寿命、社会的支援、人生選択の自由度、汚職レベルの低さ、寛容度を変数として幸福度を算出したもの、158か国を対象）[8]では、アメリカ15位、日本46位、韓国47位、ロシアは64位、中国は84位となっている。ISAF（国際治安支援部隊）型への派兵が2011～14年までは行なわれてきたが、15年以降は、対テロ作戦（米軍主導多国籍軍）においては「自由の見張り」、治安維持（NATO軍）によってアフガン軍の訓練・支援を「確固たる支援任務」（40か国から1万3000人派遣）として位置づけられている[9]。	戦争と深く関係しないことは、安心としあわせを感じる基本条件である。北欧・ヨーロッパの国々は総じて幸福度の高い国であるが、多くの国々がISAF（国際治安支援部隊）に派遣をしており、派遣をしなかったオランダも軍事同盟であるNATO加盟国となっている。国民一人ひとりのしあわせとともに、世界の国々の人々のしあわせに目をやることができるのかどうかも、戦争をしない国になるために必要な国民的な「政治的教養」（教育基本法第14条）であるといえる。

（資料）浅井作成

（参考資料）

1）浜井和史『海外戦没者の戦後史――遺骨帰還と慰霊』（吉川弘文館、2014年）、5ページ
2）栗原俊雄『遺骨――戦没者三一〇万人の戦後史』（岩波新書、2015年）
3）デイヴィッド・フィンケル／古屋美登里訳『帰還兵はなぜ自殺するのか』（亜紀書房、2015年）、380ページ
4）川喜田敦子『ドイツの歴史教育』（白水社、2005年）、13～15ページ
5）堤未果『ルポ貧困大国アメリカ』（岩波新書、2008年）
6）世界経済フォーラム（World Economic Forum）「The Global Gender Gap Report 2014」（2014年10月28日発表）
7）東郷育子「人間の安全保障指標化への課題――位相と変容を超えて」『千葉大学法学論集』（第25巻第4号、2011年3月）
8）国連・持続可能な開発ソリューション・ネットワーク「世界の幸福度に関する報告書」（2015年）
9）「しんぶん赤旗」（2015年6月4日付）
※　熊谷徹『日本とドイツ　ふたつの「戦後」』（集英社新書、2015年）

開始された一九五〇年度以降、過去最高を更新している。対前年度増額は一兆六五六六億円、伸び率は一・五％であったが、社会保障給付費の対GDP比は一九九〇年度以来二三年ぶりに下降している。要は、社会保障の伸びは高齢者の自然増を基本的に反映しており、社会保障改革の方針は明確に財政抑制策を基本にしている。

二〇一六年度予算案を決定し、一般会計総額は九六兆七二一八億円となった。防衛費は五兆五四一億円で、二〇一五年度当初予算から一・五％増で四年連続増加となり、過去最高となっている。アメリカとの関係では、オスプレイ一七機を三六〇〇億円で購入することになっており、二〇一六年度で四機（四四七億円）を取得し、一九年度より順次購入の予定である。

生活保護（住宅扶助一九〇億円、冬季加算三〇億円削減）、介護分野、震災支援予算などの福祉の予算は削減・頭打ちの状況にあるなかで、オスプレイ一機の値段は、二一二億円である。防衛省の想定価格は一〇〇億円程度であったが、アメリカの言い値の二〇〇億円超となっている。

戦争準備・推進政策と福祉政策は両立しないことは、あらためて確認しておきたいところであり、歴史が証明しているところである。

第四として、「戦争をしない国の基本構造」でもふれたが、戦争推進イデオローグ・研究者と組織・団体に対して、明確に対抗し、平和・共生の文化・思想を広げる社会的集団が存在しているかどうかが分岐点となっている（⑩、⑪）。戦争推進・抑止力強調政策をすすめる政権や財界は前者を支持・支援することが多いのが現実である。日本の「歴史」教科書の内容は歴史修正主義の影響が大きくなりつつあり、「公民」「家庭科」教科書のジェンダー平等教育への攻撃が繰り返されることになっている。

こうした政策動向に対抗する研究・運動団体、市民運動が広範に存在し、戦争推進政策の理論・イデオロギーを批判し続ける運動があるかどうかが重要な分岐点となっている。

第五に、戦争推進政策、軍事抑止力強調政策に傾倒している政治では、国家によって情報操作・管理がすすめられ、国民に開かれた論議が制限されることになっていく可能性が大きい（⑬、⑭）。そうした誘導策のバックボーンには、兵器製造で利益を得る民間軍事関連会社のシェアが各国で拡大していることがある。

二〇一五年六月の防衛省設置法「改正」の二つのポイントは、①防衛省内で文官を自衛官より上位に置いてきた「文官統制」を廃止すること、②防衛装備庁を新設する（同年一〇月一日設立）ことであった。防衛装備庁は一八〇〇人規模で発足しているが、戦闘機や護衛艦などの大型プロジェクトは専任チームを設けて試作から量産、整備までを管理する。民間企業や大学の技術力を取り込むため、装備品に応用できる研究への資金援助にも乗り出すことになっている（「日本経済新聞」二〇一五年六月一〇日付朝刊）。「軍産学複合体」の形成がめざされ、戦争推進法はすでに実行段階に入りつつある。

「世界の軍需企業トップ100」（二〇一三年、ストックホルム国際平和研究所ホームページ）に入る日本企業をみると、二七位に三菱重工（製造兵器＝戦闘機・ミサイル・ロケット・艦船・潜水艦・戦車）、六八位に三菱電機（衛星通信、人工衛星、レーダー）、七五位川崎重工（軍用航空機）、九三位ＮＥＣ（情報機器）などとなっている。核開発技術とともに戦闘兵器の売り込みを安倍首相がアジアなどに積極的に行なっているのも、こうした企業の存在があるからである。

このようにみると、現在の日本は戦争をする国になるのか、戦争をしない国のままでいるのかの戦後最大の分岐点にある。

まとめにかえて――分岐点で何をめざすか

法律名は正式にいえば、「国際平和支援法と10本の安全保障関連法」であるが、「平和」と「安全」を冠することはあまりにも国民を愚弄した情報操作であると言わざるをえない。

その意味で法の本質を表現すれば「国際戦争支援法」、略して「戦争法」ということに、私はいささかの躊躇《ちゅうちょ》もない。

現在の情勢は、法律が成立したもとで情勢の局面を共有し、闘い続ける目標と運動のあり方を明確にしていくことである。

▼今日の情勢を踏まえて

廃案を求めていた戦争法案が、二〇一五年九月一九日未明、参議院でも強行採決を経て可決、成立した。これは立憲主義、平和主義の危機であるとともに、民主主義の危機である。戦争法をめぐる広範な政治運動は、若い人たちを含めて国民的な記憶となり、まっとうな怒りと政治を変えることができるという確信は今後の運動の土壌となった。

私たちの課題は明白である。戦争法が成立した現在、法の具体化・実行をさせない運動が求められており、当面する運動の目標は戦争法の廃止と閣議決定の撤回に収斂《しゅうれん》される。

安倍政権はつぎの選挙で（も）、憲法改正を公約に掲げることを明言している。二〇一四年の衆議院総選挙では公約の二九六項目中の二七一番目にアリバイ的に潜り込ませていただけであったが、今後はさらに憲法改正を高く掲げる可能性は大きい。

ただし九条改正を迂回して、「緊急事態条項」や環境権などをテーマとする戦略が考えられている。自民党の古屋圭司憲法改正推進本部長代理の「本音は九条（改憲）だが、リスクも考えないといけない。緊急性が高く、国民の支持も得やすいのは緊急事態条項だ。本音を言わずにスタートしたい」（二〇一五年九月三〇日）という発言は記憶に新しい。

さらに二〇一六年三月二日の参院予算委員会で、安倍首相は憲法改正について「私の在任中に成し遂げたいと考えている」と、強い意欲をみせた。首相在任期間である一八年九月までと期限を示して、解釈改憲だけでなく、明文改憲へと大きく踏み出す決意を表明したのである。

戦争法の実行化はすでにはじまっている。この春にも南スーダンでの「かけつけ警護」がねらわれ、前述したように武器輸出と他国との共同開発などを一元的に担当する防衛省の外局「防衛装備庁」が二〇一五年一〇月一日に発足している。

安倍政権は経済政策を基本とした「三本の矢」の失策の総括もなしに、戦争法への国民の怒りを鎮めるために「新しい三本の矢」（①強い経済＝GDP六〇〇兆円の実現、②子育て支援の充実、③安心につながる社会保障＝介護離職ゼロなどもアピール）を打ち出している。これもまた実現する意思のない空手形になることは自明である。

①に関していえば、二〇一五年の名目GDPは五〇〇兆円（実質GDP五三三兆円）であり、二〇〇五年を一〇〇とすれば、一五年では九四にまで落ち込んでいる現状がある（数値はIMFによる二〇一五年四月時点の推計）。②、③もまたこれまでの政策動向と実績からみても、実現不可能であり、本気度をまったく感じられない内容である。

それにもかかわらず、安倍首相の就任後の「国際貢献」と称する財政支援は、三年間で三〇兆円に上っている。国連で非常任理事国に残るためのバラマキ外交となっている。首相たる人物の言葉がこれほど空虚である時代はなかったであろう。

▼悪法が国会で成立したのであれば、国会と内閣の責任で廃止する運動へ

戦争法が成立した現在、法の具体化・実行をさせない運動が求められる。今後は反対という不同意の中身をさらに深め、その意思表示のあり方と運動の方向を検討していくことが求められる。それは戦争法案の廃案を求めた運動の延長線上で考えれば、カウンターデモクラシーの醸成と発展の課題であり、国民運動の必然的な方向性である。

あらためて教育現場にいる人間として、教育基本法に則って整理しておきたい。

その前文は、以下の通りである。

「我々日本国民は、たゆまぬ努力によって築いてきた民主的で文化的な国家を更に発展させるとともに、世界の平和と人類の福祉の向上に貢献することを願うものである。我々は、この理想を実現するため、個人の尊厳を重んじ、真理と正義を希求し、公共の精神を尊び、豊かな人間性と創造性を備えた人間の育成を期するとともに、伝統を継承し、新しい文化の創造を目指す教育を推進する。ここに、我々は、日本国憲法の精神にのっとり、我が国の未来を切り拓く教育の基本を確立し、その振興を図るため、この法律を制定する」

第一四条（政治教育）では、「良識ある公民として必要な政治的教養は、教育上尊重されなけ

ればならない」ことを謳っている。この時代に一人ひとりの国民に問われていることは、「良識ある公民として必要な政治的教養」である。リベラルアーツは、語源的には「人を自由にする学問」という意味であり、人間の教養を形成することがめざされているはずである。

そうであれば大学人とともに大学自体が戦争法にいかなるスタンスをとるのかは、歴史の分岐点で自らの「政治的教養」が問われていることにほかならない。こうした状況のなかで自らの持ち場で闘うことが「我が国の未来を切り拓く教育の基本を確立」していくものと確信している。

【註】

1　C・ダグラス・ラミス『戦争するってどんなこと?』(平凡社、二〇一四年)、四ページ。

2　JCA-NETのホームページより。
http://www.jca.apc.org/stopUSwar/Databank/interventions.htm

3　前掲1、五ページ。

4　A・R・ミレット&P・マスロウスキー/防衛大学校戦争史研究会訳『アメリカ社会と戦争の歴史——連邦防衛のために』(彩流社、二〇一一年)、「訳者あとがき」、八二三ページ。

5　同右、A・R・ミレット「日本語版への序文」、六ページ。

6　同、七ページ。

7　藤田千枝編/菅原由美子『日本は世界で何番目? 5　平和と安全』(大月書店、二〇一四年)、二〇～二一ページ。
8　同右、一〇～一一ページ。
9　同、一〇～一一ページ。
10　熊谷徹『日本とドイツ　ふたつの「戦後」』（集英社新書、二〇一五年）、三四～三七ページ。
11　同右、三七～三九ページ。
12　中村登志哉「ドイツの安全保障規範の変容——一九九九—二〇一一年の海外派兵政策」名古屋大学大学院国際言語文化研究科編『言論文化論集』（三五巻一号、二〇一三年）、一〇七～一〇九ページ。
13　同右、一一二ページ。
14　「戦争法　ドイツの場合」「しんぶん赤旗」（二〇一五年五月二四日付）。
15　「徹底批判！　戦争法」「しんぶん赤旗」（二〇一五年六月四日付）。
16　前掲12、一一二ページ。
17　前掲10、一一一ページ。
18　川喜田敦子『シリーズ・ドイツ現代史Ⅳ　ドイツの歴史教育』（石田勇治監修、白水社、二〇〇五年）、一一九ページ。
19　大蔵省昭和財政史編集室編『昭和財政史　第4巻（臨時軍事費）』（東洋経済新報社、一九五五年）、四～五ページ。
20　同右、二三五ページ。
21　同、二四八ページ。
22　同、三九〇ページ。

23　村井誠人編著『スウェーデンを知るための60章』（明石書店、二〇〇九年）、二三四～二三五ページ。
24　前田朗『軍隊のない国家――27の国々と人びと』（日本評論社、二〇〇八年）、二三六～二三九ページ。
25　同右、二四〇ページ。
26　同、二四六～二四七ページ。
27　石原昌家「沖縄から若い世代へのメッセージ――沖縄戦と戦後沖縄の現実から」教育科学研究会編集『教育』（二〇一五年一一月号、No.833）、一八～二五ページ。

【参考文献】

〝人間と性〟教育研究協議会「男性形成研究」プロジェクト編／浅井春夫・伊藤悟・村瀬幸治編集・執筆『日本の男はどこから来て、どこへ行くのか――男性セクシュアリティ形成「共同研究」』（十月舎発行、星雲社発売、二〇〇一年）
伊勢崎賢治『本当の戦争の話をしよう――世界の「対立」を仕切る』（朝日出版社、二〇一五年）
岩波書店編集部編『私の「戦後70年談話」』（岩波書店、二〇一五年）
大田昌秀・浅井春夫・植田章・桂木志保・熊上崇・芝田英昭・林千代・山城紀子・結城俊哉『戦争と福祉についてボクらが考えていること』（本の泉社、二〇一五年）
久保田貢『知っていますか？　日本の戦争』（新日本出版社、二〇一五年）
芝田英昭「安倍政権下での改憲策動と社会保障の位置」農山漁村文化協会編『日本国憲法の大義――民衆史と地域から考える15氏の意見』（農山漁村文化協会、二〇一五年）

島本慈子『戦争で死ぬ、ということ』（岩波書店、二〇〇六年）
スティーヴ・ファイナル／伏見威蕃訳『戦場の掟』（講談社、二〇〇九年）
デーヴ・グロスマン／安原和見訳『戦争における「人殺し」の心理学』（筑摩書房、二〇〇四年）
『ニューズウィーク日本版』（特集「模範国家」ドイツの現実）二〇一五年一〇月一三日号
半田滋『日本は戦争をするのか――集団的自衛権と自衛隊』（岩波新書、二〇一四年）
ポール・ポースト／山形浩生訳『戦争の経済学』（バジリコ、二〇〇七年）
矢野恒太記念会編『世界国勢図会２０１５／１６』（矢野恒太記念会、二〇一五年）
山田侑平訳・監修／共同通信社出版センター編集『「ポツダム宣言」を読んだことがありますか？』（共同通信社、二〇一五年）
柳澤協二『新安保法制は日本をどこに導くか』（かもがわ出版、二〇一五年）

第3章　戦争は戦争孤児をつくる

はじめに――「戦災孤児」と「戦争孤児」と「浮浪児」

▼福祉（ふくし）の使命と人間の使命

福祉（ふくし）とは、ふつうのくらしがしあわせであるための制度と実践の総称である。それと同時にふだん（不断）に続くくるしみの軽減・緩和・解決のためのしえん（支援）の営みのことでもある。そうした福祉（welfare; well-being）の理念を実現するためには、いのちの尊厳が守られていることが前提である。福祉は、無差別平等の原則を土台にした具体的な権利としての福祉（welfare）と、各個人の幸せと快適なくらしの権利としての福祉（well-being）の両方を内包している。くらしの中に笑顔がある日常の暮らしを守り続けることがふくしの役割である。社会保障や社会福祉が後退している現実もあるが、「福祉」存立の前提条件を崩壊させるものが戦争だ。

私たちはふくしの使命を果たすことのできる国を求め続ける。だから戦争ができる国にすることには絶対に反対である。平和は力ずくでは実現できないことは、イラク戦争やアフガニスタンの現実をみるだけでもわかる。「集団的自衛権」とは結局のところ「他国防衛権（義務）」のことである。

人間には使命がある。人間はみんな使命を背負って、この世に生まれてきた。それは自らのいのちを使いきるという自分への約束であり、いろいろなことがあっても生き続けることが人間の使命なのである。〝お国のために死ぬ！〟といっても、国とは私たち一人ひとりの集合体である。人間は生きて生きて生き抜かなければならない使命がある。

私たちは再び戦争犠牲者を生み出してはならないと決意している。私たちが大切にはぐくんできた子どもと人々のいのちを戦争のために奪われてはならない！　福祉関係者、教育関係者、子どもや人間を大切にする実践に携わる専門家として、私たちはいのちの尊厳と福祉の発展を阻害する戦争政策を断固として拒否するものである。

▼「凡そ世に戦争程非慈善的の大なるものはあらず」

「凡そ世に戦争程非慈善的の大なるものはあらず。多くの壮丁（成年男子、浅井註）はこれが為めに殺され、多くの廃者はこれが為めに生じ、多くの老者はこれが為めに扶養者を失ひ、多くの妻女はこれが為めに寡婦となり、多くの児童はこれが為めに孤児となり、あらゆる人生悲哀苦痛はこれが為めに起り来る。」

この一節は、『東京孤児院月報』（第四九号、明治三七〈一九〇四〉年三月一五日発行）の表紙に、同孤児院幹事の桂木頼千代が「戦争と慈善」と題して書いたものである。

一九〇四（明治三七）年といえば、その年の二月八日に日露戦争がはじまった年で、朝鮮半島とロシアの事実上の占領下の「満州」を主戦場に、一年半に及ぶ戦争が続いた。戦闘に参加した日本側の軍人と軍属の数は、戦闘地域と後方支援を合わせると、一〇八万人を超えている。このうち戦死者は約八万四〇〇〇人、戦傷者は一四万三〇〇〇人を数えている。

このような時代背景のなかで、この一文が書かれたのである。時代はちがっても、戦争の本質は変わらない。どのような戦争も〝正義と平和〟や〝自衛〟〝国土防衛〟の名のもとに行なわれてきた。そして〝戦争の後始末〟を担ってきたのが社会福祉事業であった。

わが国における戦災孤児・浮浪児の収容のための児童養護施設、戦争で夫を亡くした寡婦《かふ》と子どものための母子寮（現在の母子生活支援施設）、戦争で重傷を負った傷痍軍人のための身体障害者福祉施設などによって、戦争犠牲者のためのケアと救済の制度として再出発をすることになったのである。こうした戦争と福祉の負の歴史を再び繰り返すことがあってはならない。

▼戦争孤児と戦災孤児

「戦災孤児」は、戦争政策によって生み出された犠牲者である。その意味では「戦争孤児」という呼び方のほうが事実を表している。

「戦災」とは、戦争によって非戦闘員あるいは非軍事的施設が被害を受けることを災害の一種として捉えた呼び方である。したがって戦災孤児は戦争災害によって家族を失くし単独での生活を余儀なくされた子どもたちのことである。ただ戦災孤児と戦争孤児の間には、大きな溝が横たわっている。戦災孤児はどこか自然災害のように原因と責任が曖昧にされている用語である。彼らは戦争被害（家族が爆撃などによって死亡）によって孤児となり、悲惨な生活を体験し、餓死、栄養失調死、虐待・放置死などの結果が重なった子どもたちのことである。戦争孤児は戦争政策によって生じた犠牲者であるという本質を表現する用語である。

戦争は戦闘に巻き込まれて傷つき死ぬだけでなく、終結後の生活の中で病気や栄養失調、放置死などによって死亡することが少なくなかった。さらに家族と死別して孤児として生きることは、施設に収容されるか、親族や里親などに引き取られることがなければ、社会のなかで孤立して生きるしかなく、必然的に浮浪児となったのである。

戦争で死んだ子どもたちも悲惨だが、戦後の戦争孤児・浮浪児も悲惨な生活を生き延びなければならなかった。わが国の第二次世界大戦後の戦争孤児たちの現状は、現在の世界各地の戦闘・

紛争地域の状況とも重なっている。戦争はまず最も弱い存在である子どもたちが犠牲者になる。この歴史の事実・現実・真実を現在こそ直視し、再び戦争孤児をつくりださない決意がおとなたちに問われている。

1　戦後の戦災孤児調査と戦争孤児の現実

▼遅れた調査と福祉的対策

全国一斉孤児調査（沖縄県を除く）は、一九四八年二月六日に、厚生大臣官房会計課長連名通牒として出された。全国一斉孤児調査の結果（一九四八年二月一日現在）をみると、全体で一二万三五一一人を数えており、孤児の種類別では、戦災孤児＝二万八二四七人、引揚孤児＝一万一三五一人、棄迷児＝二六四七人、一般孤児＝八万一二六六人となっている（表5）。

また保護者別でみれば、親戚に預けられた孤児が一〇万七一〇八人、施設に収容された孤児一万二二〇二人、独立した生計を営む孤児四二〇一人、浮浪児は三・五万人〜四万人と推計されている。

この調査でいう「戦災孤児」とは、都市空襲によって親・家族が死亡したことで、子どもだけ

表5　全国一斉孤児調査の結果（1948〈昭和 23〉年、沖縄県を除く）

戦争孤児合計　12 万 3511 人			
年齢別（数え年）		種類別	
1 歳～ 7 歳	1 万 4486 人	戦災孤児	2 万 8247 人
8 歳～14 歳	5 万 7731 人	引揚孤児	1 万 1351 人
15 歳～20 歳	5 万 1294 人	棄迷児	2647 人
		一般孤児	8 万 1266 人
保護者別			
親戚に預けられた孤児	10 万 7108 人		
施設に収容された孤児	1 万 2202 人		
独立した生計を営む孤児	4201 人		

（註）なお浮浪児および養子縁組をした孤児は含まれていない。浮浪児は 3.5 万人～ 4 万人と推定されている

（出所）厚生省児童局企画課調「全国孤児一斉調査結果」（1948 年 2 月 1 日現在）

が取り残され孤児になった子どものことである。「引揚孤児」とは主には敗戦後に中国などから引き揚げてくる途中で、親が死亡したり家族が離散したりすることで孤児になったケースで、「棄迷児」は空襲の中で親と離れ離れになった孤児、「一般孤児」は、それらの孤児とはちがい、保護者の病死や行方不明で孤児になったと説明されることが多い。「一般孤児」といわれる子どもたちは実際には戦争孤児であり、学童疎開中に親を失った孤児たちであった。

当初、戦災孤児数を国が隠蔽して実際よりも少なく国会で報告していた。一九四六年八月二三日の第九〇回帝国議会で、「戦災孤児の救援に関する建議」に関して、布利秋議員が政府委員とつぎのような質疑応答をしている。

布利秋議員　「浅草東本願寺に戦災孤児が収容さ

れておるのは、数も多いし相当惨めな生活をしております。衰弱していく者が刻々死ぬ。薬も手に入らない。戦災孤児は逃げだし無宿者になってしまう。そうして不良少年に墜ちていくのが増えてしまった現状をみて、これを政府のほうで、なんとか救護してもらいたい。実行してもらいたい」

服部政府委員　「従来の孤児は個人で経営されている慈善事業が取り扱ってきたのでありますが、今度の戦争によって、発生した孤児の問題は、きわめて重要な問題であります。現在全国にどれほどの孤児があるかと申しますと、取り調べた結果は、大体三〇〇〇名前後。その内、乳幼児が五〇〇名、学童が二五〇〇名となっています。

その三〇〇〇名の内、親戚に居る者が一五〇〇名、社会事業施設に居る者が一五〇〇名であります。国家の戦争によって生じたるこれらの孤児は、まず国の責任において、保護育成をやっていかなければならぬと、痛感いたしております」

布利秋議員　「施設設置の案を今から練ってみようというお考えは、現実は刻々その日が迫り、死ぬ者はその日に死んでいく。すでに一年以上もたち、戦災孤児に対して、まだ建設的に進んでおらぬ。配給品をもらって、それを児童に渡さないで闇に流している。私はこのことを相当調べておる。下部組織が腐敗しきっておる。そのため子どもが逃げ出す。子どものことを思うと憤慨せざるをえない」

戦争終結一年後の国会でのやりとりをみても、孤児の数を三〇〇〇名程度と過小評価している点でも、全国一斉孤児調査を戦後三年近くも経過したなかで実施している点でも、戦後においても子どもの福祉に対して行政は後ろ向きであった。

戦争は子どもたちのいのちと暮らしを破壊しただけではなく、敗戦直後において戦争孤児＝浮浪児たちは「狩り込み→施設収容→逃亡」の生活を余儀なくされた存在であった。「狩り込み」とは、本来的な意味は「獣を狩りたてて捕える」ことをいうのだが、その用語を浮浪児や犯人などを街頭で袋小路などに追い込んで一斉に捕まえることに当てはめたものである。当時の行政・警察にとって浮浪児たちは治安の対象でしかなかった。生きていくために盗みをするしかなかった戦争孤児は治安を乱す存在として取り締まりの対象とされ、福祉の視点はきわめて乏しかった。戦争孤児に対して早期に衣食住を保障する施策を、どこまで本気で考え具体化しようとしたかが問われる。

戦後何十年も誰からの援助もほとんどなく、生きていく戦争孤児たちの戦後史は苦難をきわめた現実がある。

終戦直後には児童養護施設は八六施設にまで減少しており、「施設収容」がされたのは孤児総数の約一二万人のうちの一割にすぎない。したがって国が孤児収容の施設を増設しなかったことで、ほとんどがホームレス化＝浮浪児となってしまったのであり、戦後の応急対策においても戦時的発想から抜け出ていない実際があった。

この調査は一九四五年三月一〇日の東京大空襲で多くの孤児が発生したときから、二年九か月も過ぎての調査であったという点で、大きな問題である。民間団体や新聞社の調査では死亡・行方不明者は一〇万人以上とされており、単独の空襲による犠牲者数は世界史上最大であるといわれている。警視庁の統計では、死亡者数八万三七九三人となっているが、これは早期に遺体が引き取られたことと、行方不明者が数万人規模で存在することによる。したがって東京大空襲三年後の一九四八年二月時点での調査では、孤児のかなりの数が社会の中に〝吸収〟されてしまっている。これでは戦争孤児の実相をつかめるはずがない。

▼戦後直後の諸調査

戦後直後の戦争孤児の諸調査で把握している数は、つぎの通りだが、正確な人数は把握できていなかった。

① 『日本社会事業年鑑　昭和22年版』（日本社会事業協会社会事業研究所、一九四八年、二一〇ページ）によれば、一九四六年八月末現在「親類縁故収容施設等に収容保護されて」いる戦争孤児は二八三七人（乳幼児四三三人、学童二四〇四人）であった。また、浮浪児は四六年七月末現在三〇八〇人で、このうち施設に収容されていたのは一五一四人であったとされている。この数字が国会での政府答弁の根拠であったといえる。

②　「全国所在地別引揚戦災孤児収容施設数及収容中引揚戦災孤児数」（同胞援護会編『引揚戦災孤児収容施設調』一九四六年一一月三〇日調査、一九四七年、一～二ページ）によれば、四六年一二月一〇日現在、二六八か所の施設に七六一五人（男子三二二七人、女子一七八七人、男女不詳二七〇一人）の植民地・占領地引揚孤児が収容されていた。

③　厚生省児童局養護課調「各種保護児童数調」（四七年六月一五日現在）によれば（『厚生統計月報』第一巻第七号、一九四七年一〇月、七二～七七ページ）、浮浪児は未収容者一五四五人（男一二四〇人、女三〇五人）、収容者四〇八〇人（男三一三五人、女九四五人）であった。

④　先に紹介した厚生省児童局企画課調「全国孤児一斉調査結果」（四八年二月一日現在）によれば、孤児の総数は一二万三五一一人などとなっている。

戦争の犠牲者に関する福祉的な援助の対象を把握する基本姿勢に欠けているといわざるをえない戦後の厚生行政であった。ここにも戦争孤児の不幸があった。

一九四八年の『厚生統計月報』[1]によると、「保護者なくして独立して生活を営むもの」は四二〇一人となっている。この調査では沖縄の戦争孤児は含まれていない。

当時の沖縄では正式な統計はとられていないが、県庁に勤務していた職員によれば、沖縄県の戦争孤児はピーク時には一〇〇〇人を数えている。[2]

2　第二次世界大戦後の戦争孤児の現実

▼本土の戦争孤児たちの現実

東京でも上野の地下道は戦争孤児があふれ、大勢の孤児たちが餓死、凍死していた。生き残った孤児たちも地獄の生活であった。全国から上野の地下道や闇市、駅の構内に浮浪児たちが集まっていた。生活の糧は、新聞売り、靴磨き、盗み、ヤクザからのヒロポン（覚醒剤の一種）や密造酒の密売などで得ており、生きるためには何でもやらなければならなかった。

女の子は、靴磨きが多かったが、それは男の子たちと並んでできるので、身の安全を保てたということがある。女の子の場合は性の売買に関わることも少なくなかった。孤児体験者の証言で「女の子はたしかに売春していたよ。お金じゃなく、おにぎり一個と引き換えにやっている子だっていた」という(3)。

戦後は子どもを守る制度も施設も貧弱であったし、施設では職員や年長者の暴力も日常的にあった施設が少なくなかった。〝死ぬも地獄、生きるも地獄〟であったという言葉を元戦争孤児の方々から聴くことが多かった。

施設に収容された孤児たちも多くはけっして幸せな暮らしではなかったのだ。ある養育院に収容された女児は、子どもの死体のとなりで寝かされることになったという。まさに〝上野に行くも地獄、施設に行くも地獄〟というありさまであった。

▼戦争孤児たちの戦後史

戦争孤児たちの証言が示しているのは、まさに戦争が終わってから、もうひとつの戦争をかいくぐって生きることになるのであり、生きるための戦争がはじまったということである。

「ある時、商店街でアキラという友達がトマトを盗んで逃げたら、ちょうどジープが来てトマトを抱いたままアキラがひかれて亡くなってしまうんですけど、私がその後を追っかけて行ったら血だらけの中にアキラが盗んだトマトが転がっている。アキラの血の中にトマトが動いている。もう泣くに泣けなくて、アキラとトマトのことが印象に残っている。トマトを見るたびにアキラのことが思い出されて、今でも私はトマトを食べられません」と戦争孤児だった山田清一郎さんは語っている[4]。

施設に収容された戦争孤児たちも悲惨をきわめた。

徳島県の阿《あ》波《わ》国《こく》慈《じ》恵院《けいいん》でも「戦災孤児、親の行方がわからない子、はぐれた子など六〇人の子らがいたが、すさんだ世の中そのままによくけんかがあった。いがみ合い、ののしり合う原因はすべて食べ物にあった」「食べ物はまるでなかったし寝具などもなく、院児たちは飢えた子犬の

ように体を丸めて寝た……あれほど家族的にまとまっていた院内の雰囲気も殺伐としたものになっていた」といわれる。(5)

全国のどこの施設においてもこうした実態があった。飢餓状態を生きのびた孤児たちは戦争のあとも飢餓生活を強いられ、いじめや暴力の中にあったのだ。戦争は子どもの心もゆがめてしまう。戦争孤児たちは、〝野良犬〟〝バイキンの塊〟〝戦争乞食《こじき》〟などの言葉を投げつけられ、帰ることのできる故郷や家族もなく、一度は自死を考えたといわれる。

東京大空襲訴訟原告団副団長の金田マリ子さんの体験を紹介する。

「私は奈良県、兵庫県などの親類をタライ回しにされました。従兄には『お前のような親なし子をだれが面倒見てくれるんだ』といわれ、近所の子からは『野良犬』と囃し立てられ、中学生のとき、結核になっても医者に行けず、従姉からは『怠け者』といわれながら、コマネズミのように働かされました。早く死んで母の所へ行きたい。そればかりを考える中学生活でした」(6)という。

私が沖縄で戦争孤児の方への聴き取り調査をしているなかでも「『孤児であったことはしゃべってはいけないよ』とみんなから言われている」という方、「そのとき（孤児院生活）の記憶はコンクリートに固めて、沖縄の海に沈めたい」と、吐き捨てるように言われた方もおられた。またどんな職業を経験されてきたのですかという質問に、語気を強めて「それは言えない！」と即座に拒否反応を示された方もいた。

私たちが踏み込めない、踏み込んではいけない戦争孤児たちの戦後史を肌で感じることが幾度となくあった。

3　沖縄戦における住民被害としての孤児の衰弱死

▼ネグレクトによる孤児たちの衰弱死

沖縄戦は、一九四五年三月二六日の米軍の慶良間諸島米軍上陸から始まり、沖縄本島に上陸した四月一日から本格的な地上戦が展開され、組織的な戦闘が終結した六月二三日まで激しい戦闘が続いた。その後も多くの民間人が戦場で死亡しており、正式に降伏調印式が行なわれたのは九月七日であった。戦死者は住民（非戦闘員）が約十数万人、兵士では七万七〇〇〇人を数えている。

沖縄戦後の孤児院は一三施設が設置されていたが、(7) 田井等《たいら》孤児院、コザ孤児院の従事者の証言でも相当数の子どもたちが衰弱死をしていた現実がある。聴き取りなどにおいても、「朝起きると、何人かの子どもが冷たくなっているので、孤児院の敷地内にある大きな穴に子どもを埋めにいった」という証言がいくつもある。これはいわば〝ネグレクトによる衰弱死〟というべき現実である。

統治者であるアメリカ占領軍が子どもの生命保持を第一義的に占領政策の根幹に位置づけていれば、大量の子どもたちのネグレクト死は免れていたはずである。戦争が終わっても、戦争孤児たちにとっては生きのびるための闘いが続いていたのである。

子どもの発達と権利を保障し、行政運営の基本を規定する児童福祉法などの法的整備は放置され、結局、沖縄県独自の児童福祉法が制定されるのは、本土に遅れること五年の一九五三年一〇月であったという特殊な事情もある。

沖縄においては、孤児院での子どもたちの衰弱死に関する統計は残されていない。これも米軍管理のもとで正確な統計が存在しないこと自体が施策の怠慢を物語っている。

田井等孤児院の状況に関する証言でも、「毎日のように山から運び込まれてくる小さい子どもたちは、裸にされていましたが、どの子も栄養失調でした。縁側に寝かされても翌朝までに半数は死んでいましたが、『シニイジ』といいますが、子どもたちは汚物にまみれており、朝鮮の女の人たちがダンボールに入れて埋葬していました[8]」という証言も、当時の在院児童の記憶から述べられている。

また越来村《ごえくそん》（現在の沖縄市）のコザ孤児院は当時「子どもの家」と呼ばれた施設であったが、激しい下痢で子どもたちは衰弱しており、大勢の子どもたちがそこで命を落とした。下痢で床張りの部屋は豚小屋のようになっていた。……子どもたちの遺体は、衛生係と呼ばれた男性が担架で少し離れた墓地に運んだことが語られている。[9]

▼戦中戦後をとおして守られなかった孤児のいのち

孤児院の独自の統計ではないが、コザキャンプの人口（一九四五年四月～七月）[10]をみると、四月一六日～三〇日で子ども（一六歳以下）の死亡数は八人、五月一四人、六月一六人、七月には一四三人（うち乳児は四九人）となっており、その中に孤児院の子どもたちが多数含まれていたことは推測できよう。四五年七月段階になると累計で一歳児以下の乳児は約五〇〇人、一歳～一六歳男女は約五〇〇〇人を数えている。六月以降、人口は急増し、人口総数一万一六四八人と膨らんでおり、それにともなって子ども・乳児も流入し、孤児院の収容人数も急増したと考えられる。

「糸満市戦災調査」によると、一九四五年一月一日から九月七日までに出産した女性は一九六人、出生児は一九八人であるが、母と赤ん坊の生死状況については、赤ん坊の戦没率が母親生存の場合は三三・一％であるのに対して、母親が戦没の場合は八六・二％と非常に高くなっている。[11]県内にいた糸満市の住民は、二万二九六一人で、戦没者は男性四四一二人（戦没率四二・一％）、女性四〇六一人（同三二・五％）となっている。非戦闘員である女性の三分の一が犠牲になっているところに、住民を巻き込んだ沖縄戦の実相が示されている。[12]

日本軍が「軍官民共生共死ノ一体化」の方針を貫いた沖縄戦は必然的に住民の戦没率を高め、

戦争孤児を大量に生み出すことになった。戦争の犠牲者としての孤児を収容する孤児院は、戦後処理的施策として日本ではじめて沖縄で開設されることになった。沖縄においても米軍支配のもとで、孤児たちのいのちは守られることはなかった。孤児院は占領支配のもとでの〝邪魔者〟の隔離政策でしかなかった。孤児院従事者の献身的なとりくみが行なわれたのであったが、戦争中も戦後も、〝役立たない〟人間は福祉の本来的な対象とはしなかったのである。

補足的に、戦後の戦争体制へ向かう仕掛けとして沖縄にみる「戦傷病者戦没者遺族等援護法」（以下、援護法）の意味についてふれておくと（詳しくは、第五章一二九〜一三五ページを参照のこと）、援護法は、軍人軍属及び準軍属の公務上の傷病及び死亡等に関し、国家補償の精神に基づき、障害者本人には障害年金を、死亡者の遺族には遺族年金・遺族給与金及び弔慰金を支給し援護を行なうことを目的とする法律で、一九五二（昭和二七）年四月に制定されている。支給対象者は、国と雇用関係又は雇用類似の関係にあった軍人軍属及び準軍属並びにその遺族である。「遺族」として援護法の対象となり、戦争犠牲者が靖国に祀られることで、沖縄戦の真実（軍隊は国民を守らないという事実）を県民が語ることを封じ込めてきたのである。

ただし、軍人については、一九五三（昭和二八）年八月に軍人恩給が復活し、原則として恩給法が適用されることとなったため、遺族年金や障害年金の支給対象者は主に恩給法に該当しない軍人、軍属及び準軍属並びにその遺族となっている。

したがって沖縄においても（本土においてもだが）、軍人・軍属でもない、遺族もいない、証明できる術を持たない戦争孤児は、援護法の対象にもならなかった。最も援護法の対象になってもよいはずの戦争孤児は、一貫して日本およびアメリカ政府から福祉の対象から棄児とされてきたのであった。

４　世界の戦争・紛争で生み出される戦争孤児

イラクの労働・社会保障省が二〇〇八年一月に発表した報告書(13)によると、イラクでは四五〇万人の子どもたちが孤児になっている。そのうち政府の保護を受けているのは、わずか四五九人であった。この報告がなされた時点で、八〇〇人の孤児が収容所（刑務所・監獄を含む）に囚われており、そのうち一〇〇人がテロリストの嫌疑をかけられて米軍の捕虜収容所に入れられているということである。二〇〇八年時点で総人口二八〇〇万人の国に、四五〇万人（人口の一六％）の孤児を生み出した。

一億二七〇四万人（二〇一四年九月概算値）という日本の人口にこの比率をあてはめると、二〇三三万人の孤児がいるということになる。その数字は東京都と埼玉県を合わせた人口に匹敵する。ひとたび戦争が起これば、こうした戦争孤児を確実に生み出すことになる。

日本の戦争の歴史をみても、現代世界の戦争をみても、戦争は戦争孤児の悲惨な現実をつくりだす。

戦争孤児とひとくくりに言っても、そのなかには、日本の歴史でもそうであったが、アメリカの「集団的自衛権」行使によるベトナム戦争において多数生み出された「混血孤児」たちも含まれる。第二次世界大戦、朝鮮戦争、ベトナム戦争でアメリカ系アジア人の子どもがアジア諸国や太平洋の島国など各地に誕生することとなった。その多くは「混血児」として各国で虐げられて生きていくことを余儀なくされた。

日本（とくに沖縄県は戦後も基地が存続していることで「アメラジアン」〈アメリカ人とアジア人を両親に持つ子ども〉が多く、現在もアメラジアンスクールがある）、韓国、タイ、ベトナム、フィリピンなどに分布し、特にフィリピンには多数のアメラジアンが暮らしている。神奈川県にあるエリザベス・サンダース・ホーム（一九四八年二月乳児院設立、四九年四月養護施設認可）は、いわゆる〝混血児〟と呼ばれた子どもたちの児童養護施設として戦後に出発したのであった。

〝中国残留孤児〟もまた戦争の犠牲者である。中国残留孤児問題は日本政府の棄民政策の犠牲者であったというべきである。終戦から三六年を経過した一九八一年から厚生省（当時）が中心となって、山本慈昭住職などの民間の献身的な尽力があり、中国残留孤児・訪日肉親捜しが開始され、多くの残留孤児が日本を訪れて肉親を探すようになったことが記憶の中にある人も少なくないであろう。

戦争は子どもたちの未来を輝かせないばかりか、戦時中は教育の権利さえ奪われ、食生活にも飢える状況であった。戦後はまた子どもたちが、戦争孤児にみられるように、衣食住の基本的な人間の権利を剝奪された生活を強いられた。

戦争は、社会的に最も弱い存在の子どものいのちと健康を奪い、のびのびと生きる子ども時代を踏みにじり、そのうえ保護者との家族生活を破壊してしまう事実は、どの戦争においても歴史的に貫かれている。

戦争は子ども・人間にとってもっとも非福祉的な国家の行為である。二度と子どもたちに戦争を体験させてはいけないことを、歴史と現代の世界の現実からも言い続けなければならないと思っている。

【註】

1　『厚生統計月報』（第二巻第二号、一九四八年五月）、八七〜八九ページ。

2　幸地努『沖縄の児童福祉の歩み――思い出の人・時・所』（私家版、一九七五年）、一一ページ。および沖縄県生活福祉部編『戦後沖縄児童福祉史――児童福祉法50周年記念』（沖縄県生活福祉部、一九八八年）、二ページ。

3　石井光太『浮浪児１９４５――戦争が生んだ子供たち』（新潮社、二〇一四年）、七三〜七八ページ。

4　「東京大空襲から68年　それでも私は生きたい　〜いま明かされる　戦争孤児の実像〜」（ＮＨＫ、

二〇一三年三月八日放送)。
5　阿波国慈恵院百年史保育園併設三十年史編集委員会編『阿波国慈恵院百年史――保育園三十年史』(阿波国慈恵院、二〇〇〇年)、二七～二八ページ。
6　沢田猛『空襲に追われた被害者たちの戦後――東京と重慶　消えない記憶』(岩波ブックレット、二〇〇九年)、一二ページ。
7　浅井春夫「沖縄戦と孤児院――戦後史のなかの児童福祉の空白を埋める」『立教大学コミュニティ福祉学部研究紀要』(第一五号、二〇一三年三月)、七ページ。
8　座覇律子「孤児院でのこと」字誌編集委員会編『田井等誌』(名護市田井等、二〇〇八年)、一二七ページ。
9　「沖縄タイムス」二〇〇五年一一月一日付、「[一枚の写真・戦争孤児院物語](3)幼子たちの死激しい下痢　声も出せず」。
10　沖縄市総務部総務課編『21歳のアメリカ将校がみた終戦直後の沖縄』(沖縄市、二〇〇五年)、七六～九〇ページ。
11　糸満市史編集委員会編『糸満市史　資料編7　戦時資料　上巻』(糸満市役所、二〇〇三年)、四七七～四七八ページ。
12　同右、四五五ページ。
13　「イラク情勢ニュース」二〇〇九年一〇月二五日。
http://www.geocities.jp/uruknewsjapan/2009_Dennis_Loo.html

第4章　基地とともに暮らすことの現実

はじめに——沖縄の基地政治の特徴といのちの尊厳

▼「補償型政治」と「強権型政治」の結合としての沖縄の基地政治

基地政治の四つのモデルとして、カルダーは、①バザール政治（トルコ、フィリピン）、②強権型政治（朴政権時代の韓国）、③情緒型政治（サウジアラビア）、④補償型政治（日本、イタリア）と整理している。(1) 弾圧と強制は制限的で、「そのかわりに相当の物質的補償を提供するという、基地関係のはっきりした特徴」(2) があることから、カルダーは沖縄県における基地支配の日常的な形態は「補償型政治」と位置づけているが、沖縄国際大学ヘリ墜落事故や普天間基地の辺野古への移転方針にみる対応などは「強権型政治」の本質を見せつけている。

問題は、カルダーが書いているように「米軍基地の中には、ひろびろとした敷地に自信みなぎる世界があり、ゲートの外には、貧しく不穏な苦悩に満ちた世界がある(3)」という現実である。

▼軍事基地と子育て問題を捉える基本的な視点

基地のある地域で保育・子育て問題を考える視点として、以下の諸点をあげておきたい。

まず前提問題として〝基地問題とは何か〟を踏まえておくことが必要である。基地とともに暮らすということがどういう生活実態を生みだしているのかを問わなければならない。その問いに答えるとすれば、基地の外では〝いのちの尊厳〟が無残にも踏みにじられている事実を直視することである。

そのうえで、第一は、基地と地域をともにすることが保育・子育てにとってどのような具体的な被害とその可能性があるのかを確認する視点である。

第二の視点として、保育の実践と運営の前提条件であるいのちの危険性・格差＝保育の安心・安全の条件の希薄さという視点で問うことの重要性である。

第三に、オスプレイ配備にみられる〝本土の沖縄化〟への警鐘の視点をあげておこう。基地と子育て問題という視点から考えれば、沖縄には、県全体の一〇・二％、本島に限ってみれば一八・四％に米軍基地が配備されている。それに比して日本全体では、米軍基地および自衛隊基地の面積割合が一％を超える都道府県は静岡県と山梨県である。しかしオスプレイの低空飛行航路は、東北地方から九州・沖縄まで北海道を除いて日本全土が対象となっているのである。その意味で沖縄の基地問題はけっして対岸の火事ではない。

1　基地被害の実状——騒音といのちの危機

▼航空機騒音被害

沖縄県環境生活部環境保全課の調査では、宜野湾《ぎのわん》市上大謝名《うえおおじゃな》では「うるささ指数」(4)は、二〇一一／一二年度で八二を記録している。この一〇年をみてもほぼ一貫して八〇台の数値を示している。環境基本法の定める環境規準では、住宅地域では七〇以下、それ以外の地域では七五以下と定められている。

航空機騒音規制措置（日米合同委員会合意事項：一九九六年）により、飛行が制限されている二二時から翌朝六時の夜間においても、航空機騒音が広範囲で確認されている。こうした違反が行なわれている米軍側の理由は〝夜間戦闘訓練のため〟ということである。

こうした実状から、県中南部（主要な自治体が入る）の広範囲で、米軍機による航空機騒音が生活環境に大きな影響を与えていることが確認されている。とくに嘉手納《かでな》基地のある嘉手納町では、早朝の騒音回数は月四七二回、一日平均では一五・七回、一年にすると八九〇四回となる。こうした現実から第三次嘉手納基地爆音差止訴訟においては、原告二万二〇〇〇人を超えるマンモス訴訟（全町民の約三五％にのぼる）となって続けられている。

▼子どもたちにも及ぶ爆音の悪影響

「このような間近で戦闘機等が出す音は、騒音というレベルをはるかに超えており、私たちは『爆音』と呼んでいます。中でも戦闘機の離着陸時の音は凄まじく、一度でもこの音を聞いたことのある人は分かると思いますが、空気の巨大な塊が体にぶつかってくるような凄まじい衝撃が全身を貫くのです。『離陸するときには、突然、爆音が上から落ちてくるような、それはもう酷いもので、内臓が破裂するんじゃないかと思うほどです』『その爆音を言葉で表現するのは難しいのですが、私なりに表現すれば、心臓に響く音、あるいは、人間の気持ちを抑えつける音という感じがします』」

あるいは、中学校教師はつぎのように述べる。

「期末テストで英語、ヒアリングのテストだったんですけども、ちょうどそのヒアリングのときに飛行機が上空飛んだもんですから、聞こえなくて、また担当の先生がもう一度、各学級回って、ヒアリングのテストをやるということで、そういうことがありました」(5)

このような現実が、日常的に教育や子育てに深刻な影響を与えている。

▼いのちと安全の危機

基地があることでの住民被害は騒音だけではない。防衛施設庁（一九六二～二〇〇七年一月九日まで、この名称）によると、全国で発生した米軍（軍属・家族を含む）事件・事故件数は、一九七二年の本土復帰から三三年間で四万二四一六件に上り、そのうち五九・五％が沖縄県で発生している。事故については交通事故が約九割を占めているが、事件に関しては子どもたちが強姦を含む暴行の被害に遭っていることも少なくない。[6]それはあくまでも統計上に表れた数字にすぎない。

歴史的にみると、占領米軍兵士の犯罪は、「強いものと弱い立場のものとの間で引き起こされることが常であり、それは又武器を所持した兵士と戦争で打ち拉《ひし》がれた敗戦国民との間において発生し、特に婦女子がターゲットにされ、そのことに因って、生涯を根底から破壊される」[7]ことになる。

一九四五年八月一五日から一九五二年四月二七日（講和条約発効の前日）までに発生した人身事故は、死亡三四七件、傷害三八一件を数えており、[8]一九五二年から一九七二年五月一四日（沖縄施政権返還前日）までの事件を見ると、幼児強姦殺人事件、学童強奪強姦事件（いずれも一九五五年）など、子どもたちが犠牲になっている歴史がある。

そうした現実は、福地曠昭『牲（にえ）――戦後米軍犯罪の記録』（フクチさんを励ます会、一九七七年）および同『米軍基地犯罪』（労働教育センター、一九九二年）にも、心ない米軍人、軍属によるおびただしい婦女暴行や殺人、殺傷事件が列挙されており、「沖縄戦に次ぐ第二の悲劇」の実際が示されている。

沖縄の戦後史は、「太平洋上の基地のジャンク・ヤード（廃材置き場）[9]」として、米軍からも日本からも「捨て石」として一貫して位置づけられているのである。

2 〝基地のなかに沖縄がある〟現実

▼基地のなかに沖縄がある

市町村面積に米軍基地が占める割合（二〇一五年三月現在）は、嘉手納町は八二・五％である。宜野湾市は基地の占有率は三二・四％であるが、普天間基地をぐるりと囲むドーナツ型の市街地となっている。市町村別に紹介すると、金武《きん》町五五・六％、アメリカンビレッジなどの娯楽・店舗施設が多い北谷《ちやたん》町五二・九％、宜野座《ぎのざ》村五〇・七％、高江へリパッド設置で住民の反対運動が続いている東村四一・五％、読谷《よみたん》村三五・八％、伊江村（伊江島）三五・二％、旧コザ市を中核とした沖縄市三四・五％、リゾート地で有名な恩納《おんな》村二九・二％などとなっている。[10]

たった一年だが沖縄で暮らした経験からでも、このパーセンテージ以上に基地の存在の大きさを実感する。おそらく平地が基地で奪われていることも大きい。この平地が県民に返されれば、どんなに経済の発展と住民生活を豊かにするであろうか。

日本の米軍基地は、二〇一四年三月末現在、全国一都一道一府二八県の三一都道府県に、一三三か所が配置されている。米軍専用基地が八四か所、米軍と自衛隊による共同使用基地が四九か所、面積は、総計一〇二六・四一一平方キロメートルで、東京二三区の面積の約一・七倍にのぼっている。都道府県の基地数では、「共同使用」を含めると、沖縄県（三三か所）、北海道（一八か所）、神奈川県（一四か所）、長崎県（一三か所）となっている。(11)

▼犯罪多発地帯での暮らし

米軍基地とともに暮らすということは、米兵の犯罪の対象になる可能性が常につきまとうということである。

「米兵らによる事件と一般事件の起訴率」（二〇〇一年〜〇九年）を比較してみると、国内における全事件の起訴率は四八％であるのに対して、米兵らの起訴率は二五％（二四二件／七一一件）となっている。とくに強制わいせつは一一％（二件／一七件）、強姦は二四％（八件／二五件）、窃盗は八％（四二件／五〇三件）という統計となっている。(12)こうした警察統計は氷山の一角であることはいうまでもない。

米軍人等による刑法犯罪は、沖縄県警察本部の統計によれば、一九七二年の日本復帰から二〇一二年一二月末までに五八〇一件にのぼり、そのうち凶悪事件が五七〇件、粗暴犯が一〇四五件も発生するなどいのちや暮らしに大きな影響を与えている。(13)

3　子どもの育ちへの影響

▼保育のなかの子どもへの影響

嘉手納・普天間飛行場周辺の保育園や幼稚園に、幼児たちの問題行動に関する質問紙調査（有効回答数は騒音曝露《ばくろ》群が一五八〇名〈嘉手納飛行場周辺九一五名、普天間飛行場六六五名〉、対照群が三〇八名）が実施された。その分析の結果、〈全問題行動〉、〈身体体質的関係〉、〈性格関係〉、〈対騒音反応保有数〉、〈保育領域・TV等〉と各項目でオッズ比の対数値とWECPNL（うるささ指数）との間に「直線的な関係」があることが認められたのである。

嘉手納飛行場周辺では、感冒症状、頭痛・腹痛、食事課題、消極的傾向の各項目で、一方の普天間飛行場周辺では、感冒症状、食事課題、消極的傾向の各項目でオッズ比の対数値とWECPNLとの間に直線的な関係がある。「端的に言えば、航空機騒音に曝露されている幼児達は、風邪をひきやすくて、食欲が乏しく、友達づくりに手間取る傾向がある、と解される。総括すると、

航空機騒音は身体的にも精神的にも幼児達の問題行動を増加させる要因になっている」ということができる。(14)

▼保育の中断

沖縄県と関係市町村が共同で実施している嘉手納・普天間飛行場周辺の二〇一一年度航空機騒音測定結果によると、二三測定局のうち、一一局で環境基準値を上回っている。各測定地点のWECPNL値を見ると、嘉手納飛行場周辺では六五・〇から八五・〇の範囲内にあり、最高値は北谷町砂辺《すなべ》で記録されている。また普天間飛行場周辺のWECPNL値は六一・〇から八一・〇の範囲内にあり、最高値は宜野湾市上大謝名で記録されている。

さらに常時測定地点における一日平均騒音発生回数は、嘉手納飛行場周辺では嘉手納町屋良《やら》の九二・四回、普天間では宜野湾市上大謝名の五二・四回が最も多くなっている。これを一日の平均騒音継続累積時間についてみると、嘉手納周辺では北谷町砂辺の三九分二〇秒、普天間では宜野湾市上大謝名の二一分六秒がもっとも長くなっている。(15)

この数字は騒音曝露が実際にはその時間・瞬間だけ保育が中断されるのではなく、保育のやり直しや子どもの保育への再度の集中をつくり直すことが求められることが少なくない。子どもたちの怯えを生みだすことにもなっており、こうした現状は、保育の中断や昼寝の妨害などの現実を生みだしている。そうした現実が継続されることで騒音に無感覚になってしまうという問題も無視できない発達上の問題となっている。

▼低出生体重児の出生率

調査分析の結果、「騒音曝露量と低出生体重児（二五〇〇グラム未満）の出生率との間に有意な量反応関係が検出」されている。もっとも曝露量の高い嘉手納町においては、対照群とのオッズ比（確率を示す数値）は一・三であり、比較的低曝露の五市町村においても、対照群との間に有意な差が認められている。

さらに早産児の出生率に関しても、早産児出生率と騒音との間に有意な量反応関係が認められた。嘉手納町におけるオッズ比は約一・三であり、比較的低曝露の五市町村においても、同様に対照群との間に有意な差が認められた。

嘉手納町のみのデータから低出生体重児率の量反応関係を推定した結果、ＷＥＣＰＮＬで七〇付近に量反応関係の閾値《いきち》（境界となる値）がある可能性が示唆されている。(16)

４　子どものいのちと発達を守る使命

▼外遊びの場の剥奪

幼児期の子どもたちの発達・成長にとって、外遊びへの興味・関心をはぐくむことは子育て実践のカギである。しかし保育所の園庭や近くのあそび場が奪われている現実がある。

経済協力開発機構（ＯＥＣＤ）編『Doing Better for Children』（二〇〇九年）では、「地域環境の質は、家と地域の騒音指標、および家の周辺や地域のほこり、よごれ、汚染、または散乱したごみの指標を用いて測定している」[17]。とくに沖縄の場合は、「騒音指標」と「汚染」は重要な項目となる。

基地から派生する汚染問題には、ＰＣＢ等有害廃棄物、ドラム缶投棄、油脂類の漏出事故、嘉手納弾薬庫地区返還跡地六価クロムの検出事件、キャンプ桑江北側返還跡地における土壌汚染、赤土流出事例、劣化ウラン弾誤使用事件、鉛汚染、枯葉剤問題など[18]の問題が存在している。沖縄の汚染問題もまた特殊であり、深刻ないのちと健康にかかわる問題である。

▼保育環境の貧困

「環境は第三の保育者」である。スウェーデンのフェーボーデン就学前学校の方針のなかに「環境は第三の教育士」ということばで環境構成の重要性が述べられている。ちなみに第一は保育者であり、第二は子ども（仲間）である。[19] これらの三者が意味ある構成をしていることが保育環境には必要である。

保育環境として、①人的環境（保育方針、職員配置基準、クラス編成など）、②物理的環境（生活空間、あそび場・園庭）、③運営的環境（運営方針とシステム、職員のチームワーク、保護者と保育園の連携レベルなど）をあげることができる。

沖縄の保育をみれば、生活空間と園庭の狭さ、保育園から外に出てのあそび場の確保の難しさなど、物理的な保育環境の制約は大きい。その要因は、いうまでもないことであるが、米軍基地が住民の生活空間と教育環境となるべき一等地を占有していることである。普天間基地（正式名称は「海兵隊普天間航空基地」）の返還が行なわれれば、約四八〇ヘクタール（＝四八〇万平方メートル）で、東京ドーム（四万六七五五平方メートル）で換算すると、約一〇三個分となる。保育所の一か所当たりの平均を一〇〇〇平方メートルとすると、単純計算で四八〇〇か所を建設できる数値である。

沖縄本島でみれば、全面積に占める基地の割合一八・三％という現実が保育・子育て環境を悪化させ制約しているのが現状である。保育・子育て環境の貧困は基地問題の解決なしには前進しないことは明らかである。

あらためて沖縄の現実と歴史から考えるべきことは、基地が身近にある暮らし＝戦争準備態勢は平時であっても住民・子どもの暮らしを踏みにじるという事実である。戦時になれば、攻撃の目標になり、結果的に最前線となることで再び戦争に巻き込まれることになる。いかに限定的であれ、「集団的自衛権」を認めることは、戦争をする国へと向かうことは明らかである。

繰り返しいうが、もっとも非福祉的な行為は戦争である。再び戦争で人間を犠牲者にしてはならない。とくに福祉研究者の立場からいえば、わが国における戦後の社会福祉は、戦争による犠牲者のためのケアと救済の制度としてはじまった経緯がある。戦災孤児のための児童養護施設、戦争で夫を亡くした寡婦のための母子寮（現在の母子生活支援施設）、傷痍軍人のための身体障害者福祉施設などである。再び戦争犠牲者をつくってはならない。戦争をする国への道を断じて許してはならない。

【註】

1　ケント・Ｅ・カルダー／武井楊一訳『米軍再編の政治学――駐留米軍と海外基地のゆくえ』（日本経済新聞出版社、二〇〇八年）、一九五～一九九ページ。

2　同右、一九九ページ。
3　同、一三ページ。
4　「うるさ指数」とは、正式には「WECPNL」（Weighted Equivalent Continuous Perceived Noise Level）＝W値と表記され、「加重等価継続感覚騒音レベル」と訳される航空機騒音の国際単位。
5　嘉手納米軍基地爆音差止訴訟「爆音被害の概要」。http://kadena-bakuon.com/higai/higai.html
6　「沖縄子ども白書」編集委員会編『沖縄子ども白書――地域と子どもの「いま」を考える』（ボーダーインク、二〇一〇年）、「第1章　第3節　基地被害と子ども」四三～四八ページ。
7　天願盛夫『沖縄占領米軍犯罪事件帳――RYUKYUAN ぷーたぎなサナガベッチの時代』（自費出版、一九九九年）、一五～一六ページ。
8　天願盛夫『沖縄占領米軍犯罪事件帳第2弾――RYUKYUAN みるみるぱたいディスチャージの時代』（自費出版、二〇一一年）、一八ページ。
9　同右、三一七ページ。
10　沖縄県知事公室基地対策課『沖縄の米軍及び自衛隊基地（統計資料集）』（沖縄県知事公室基地対策課、二〇一五年）、九ページ。
11　同右、一ページおよび一一八ページ。
12　布施祐仁「米兵と犯罪」前田哲男・林博史・我部政明編『〈沖縄〉基地問題を知る事典』（吉川弘文館、二〇一三年）、八四～八八ページ。
13　沖縄県知事公室基地対策課編『沖縄の米軍基地』（沖縄県知事公室基地対策課、二〇一三年）、五一ページ。

14　沖縄県文化環境部「航空機騒音による健康影響に関する調査報告書の概要」（一九九九年三月）、三〜四ページ。
15　前掲13、五二〜五三ページ。
16　前掲14、五ページ。
17　ＯＥＣＤ編著／高木郁郎監訳／熊倉瑞恵・関谷みのぶ・永田裕美訳『子どもの福祉を改善する——より良い未来に向けた比較実証分析』（明石書店、二〇一一年）、四六ページ。
18　前掲13、六三〜六九ページ。
19　白石淑江・水野恵子『スウェーデン保育の今——テーマ活動とドキュメンテーション』（かもがわ出版、二〇一三年）、八一ページ。

第5章　沖縄戦の「戦死者」と慰霊の意味を問う

はじめに――戦後七〇年にあらためて考える

戦後七〇年はさまざまな取り上げられ方がされてきたが、集団的自衛権の行使容認と安全保障関連法案に関する国民的論議によって、戦争が日本の未来の現実的な可能性＝危機として認識されるようになってきた。そして、毎年めぐってくる全国戦没者追悼式の迎え方と安倍談話の内容に注目が集まったが、個人としての真摯な心情を感じることはできなかった。

本章では、まず戦後七〇年の節目に、「戦没者」と慰霊の意味を問うことから、沖縄がどのような役割を担わされてきたのか、その歴史を検討することとしたい。つぎに戦後の沖縄の支配体制の強化とともに日本政治の反動化がいつから、どのように形成されてきたのかを検証する。そのうえで戦争の記憶と反戦の意思を繋ぐ実践的課題について考えてみたい。

以下、「戦死者」「戦没者」に関するポリティックス（政治的かけ引き）の意味するところを考えてみたい。

1　沖縄戦の「戦死者」「戦没者」とは誰か

▼「戦死者」と「戦没者」

戦死者と戦没者はどのように説明され、いかなる政治的な意味を持たされてきたのであろうか。公式的な行事では、戦没者が一般的に使われてきた。「全国戦没者追悼式」での戦没者は、戦死者と民間人犠牲者の総計としての戦争犠牲者のことを指しており、一貫して第二次世界大戦における日本の犠牲者は約三一〇万人とされている。

戦死（者）は、基本的に軍人・軍属の戦闘の中での殉職を意味している。英語では「KIA：Killed in action」と表記されている。つまり戦闘の当事者として対峙し、敵軍等を倒すために行動するなかで敵の攻撃によって死亡することをいう。基本的に戦死（者）は、戦争・戦闘・紛争などの軍隊・戦闘部隊に所属し、組織的に戦闘行為に参加している中での死亡（者）をいう。軍人が戦争や戦闘により死亡することであり、日本の自衛隊では、「軍隊ではない」との立場により「戦死」は想定されておらず、業務中の死亡は「殉職」と呼んでいる。

戦争中の空襲などによる死亡者は、法令上「一般戦災死没者」（総務省設置法第四条九一で「一般戦災死没者〈今次の大戦による本邦における空襲その他の災害のため死亡した者をいう。〉」）とされている。

第2章で紹介した「第二次世界大戦各国戦没者数」（図1、三〇ページ）にみるように、日本の戦没者数は軍人・軍属の戦死者数二三〇万人、民間人死者数八〇万人で総計三一〇万人を数えている。前述したように、この数字がこれまで一般に戦没者数として使用され理解されている数字である。

コモンウェルス戦争墓地委員会（第一次世界大戦および第二次世界大戦においてイギリス連邦加盟国の軍役に就いた戦死者の墓地および記念碑に関する記録および管理を目的に、イギリス、インド、オーストラリア、カナダ、ニュージーランド、南アフリカの六か国で構成される政府間組織）の「第二次世界大戦における各国の人的損失」のまとめによれば、日本の人口（一九三九年一月一日現在）七一三八万人、軍人の人的損失二一二万人、民間人五〇万～一〇〇万人、合計二六二万～三一二万人、人口（一九三九年）に占める犠牲者数の割合は三・六七～四・三七％である。ちなみに世界全体の軍人・民間人総計の犠牲者数（戦死者）は六〇〇〇万～八五〇〇万人、統計対象となった六〇か国の人口に占める犠牲者数の割合は三・一七～四・〇〇％となっている。(1)

一九七七年に厚生省（当時）が明らかにした数字では、「軍人・軍属・准軍属」の戦没者二三

〇万人、外地での戦没、一般邦人三〇万人、内地での戦災死者五〇万人、計三一〇万人となっている。(2)

一九五二年では、「日華事変から太平洋戦争、八年間にわたる戦争で海に山に散った軍人、軍属百七十万人、また国内の戦災で死亡した国民七十万人、あわせて二百四十万人の霊」（「朝日新聞」一九五二年五月二日付夕刊）であり、一九三七年の「日華事変」（当時の日本政府は「支那事変」と公称していた）から「太平洋戦争」終結までの八年間の戦没者数である。一九六三年では軍人・軍属、動員学徒、一般市民などの総計で「約三百十万人（厚生省調べ）」（「朝日新聞」一九六三年八月十五日付夕刊）となっている。(3)

▼沖縄における「戦死者」「戦没者」

住民をも巻き込んだ悲惨な地上戦となった沖縄戦における戦死者は、「平和の礎」に刻銘されている。

刻銘の基本方針として「国籍を問わず、沖縄戦で亡くなったすべての人々とする。この場合、沖縄戦の期間は、米軍が慶良間《けらま》諸島に上陸した一九四五年三月二六日から降伏文書に調印した同年九月七日までとし、戦没場所は沖縄県の区域内とする」（「平和の礎に係る刻銘の基本方針」一九九三年一〇月二六日決定、二〇〇三年六月三日一部改正）ことが明記されている。

沖縄県民の刻銘者（二〇一五年六月現在）は一四万九三六二人で、県外都道府県の出身地の刻

表6　「平和の礎」刻銘者数（2015年6月現在）

	出身地	刻銘者数
日本	沖縄県	14万9362人
	県外都道府県	7万7402人
外国	米国（U.S.A）	1万4009人
	英国（U.K）	82人
	台湾	34人
	朝鮮民主主義人民共和国	82人
	大韓民国	365人
合　計		24万1336人

（出所）沖縄県ホームページ
http://www.pref.okinawa.jp/site/kodomo/heiwadanjo/heiwa/7623.html

銘者が七万七四〇二人である。外国ではアメリカが一万四〇〇九人となっている（表6）。

沖縄県出身者の戦没者として「ア．満州事変に始まる一五年戦争の期間中に、県内外において戦争が原因で死亡した者、イ．一九四五年九月七日後、県内外において戦争が原因でおおむね一年以内に死亡した者（ただし、原爆被爆者については、その限りではない）」があげられている。

「平和の礎」の刻銘された出身地では、台湾、朝鮮民主主義人民共和国、大韓民国の総計は四八一人である。このなかには軍夫として徴用された朝鮮人・韓国人の人々、日本軍「慰安婦」として強制連行・帯同させられた人々も含まれている。在日朝鮮人でありながら日本名で兵士として徴用された人々を本名に戻した数が含まれている。(4)

沖縄戦の日本軍戦死者は、陸軍六万七九〇〇人、海軍二万一五〇〇人、計八万九四〇〇人で、一般住民の死者は一〇万人〜一五万人（表6の「平和の礎」刻銘者数では、沖縄県と県外の住民と軍人の人数を合わせれば約二三万人、浅井註）といわれる。米軍の戦死者は一万二二八一人（陸軍四

五八二人、海兵隊二七九二人、海軍四九〇七人）である。(5)

沖縄戦における「戦死者」「戦没者」の平和の礎に刻銘された人々は、住民も軍人・軍属も死者としては固有名詞を持った一人ひとりの人間として刻銘されている。ただし無名で刻銘されている人もいる。それにしても戦闘と死亡とのかかわりをどのように位置づけるかは、その人の犠牲のあり方と深くかかわっているはずである。その点をつぎに検討してみたい。

2 「戦没（者）」とは何か

▼戦没（者）および戦死（者）の定義のあいまいさ

「戦没」「戦没者」という表現はどのような死に方をしたのか、その死と軍隊の責任との関係はほとんど問われることのないものであり、さらに加害者としての側面は捨象されている。戦没（death in battle）の意味はまさに戦争で死ぬことであるが、軍人・軍属が戦争で死亡する「戦死」と区別して、民間人の戦争での死亡も含めていう場合がある。狭義と広義での戦没を分けて使用することもある。

「戦死（Killed in action）」とは、軍人が戦争や戦闘により死亡することである。それに対して、

「戦没」は、戦死者と民間人の戦死者を包括した用語として使われることが多い。その意味で「戦没（者）」は戦争の犠牲（者）全般を表している。

「戦没」という用語には、さまざまな政治的意味合いと事実を隠蔽する政治的側面とがある。つまり戦争で死ぬという事実には、①死者が軍人・軍属であるか、民間人であるのかがあいまいにされていること、②直接的に殺されたのか、餓死などのいわば間接的な死に追いやられたのか、③殺す側にも立っていた事実をあいまいにしていること、④誰に殺されたのかという問題も戦没の内容には問われているはずであるが、これまでほとんど問われてこなかったといえよう。

戦争・戦闘の場における状況への着目が乏しく、自然災害による死亡のように運命を受け容れることへと誘導する役割をもってきたといえよう。

④について補足的にいえば、戦後に孤児院で餓死した子どもたち、戦争トラウマで自死をした軍人、日本軍「慰安婦」として酷使され、衰弱死した女性たちなどは戦没者として位置付けられてきたのかというと、そうではなかった。

それらの人々は〝戦争関連死〟というべきである。それは戦闘行為に直接参加しているかどうかに戦死の判断基準があることに起因しており、戦争の犠牲として死亡したという基準を明示することが重要であると考える。

「戦没」という用語の政治性をあらためて検討すべきである。

▼「全国戦没者追悼式」の変遷と「戦没者」の限定

一九五二年五月二日に初めて政府主催の「全国戦没者追悼式」が新宿御苑で開催されている。[6]現在のような八月一五日ではない。

この年にサンフランシスコ講和条約が発効し、占領期間が終わったことで戦争犠牲者に関する公式行事ができるようになった。同講和条約は一九五一（昭和二六）年九月八日に調印、一九五二（昭和二七）年四月二八日に発効し、第一条「（b）連合国は、日本国及びその領水に対する日本国民の完全な主権を承認する」ことが謳われ、日本の独立が回復した。しかし同講和条約第三条[7]によって、沖縄および奄美諸島は本土と切り離され、事実上アメリカの信託統治制度[8]の下におかれた「屈辱の日」でもある。

一九四七年六月五日、片山内閣の芦田均外相は外国人記者団に対して「ポツダム宣言の沖縄と千島の一部に対する適用について、日本人は多少疑問を持っている。沖縄は日本経済にとって大して重要ではないが、日本人は感情からいってこの島の返還を希望している」（「朝日新聞」同年六月七日）と語っている。しかしポツダム宣言違反であることは承知していることを表明しており、結局はアメリカと同調している。[9]

靖国神社は、戦後、第一・第二復員省（その後、復員庁、引揚援護庁、厚生省）の管轄になった後、一九四六年に東京都の単立宗教法人となり、「全国戦没者追悼式」で一括して合祀した戦死者を個別的に合祀の手続きを進めたのである。アメリカ軍を中心とした総司令部は、国家神道廃止後も、民間の宗教団体となった靖国神社と各護国神社が軍国主義や報復主義と結びつくことのないように警戒し注意を怠ることはなかった。そうした状況の下で密かにかつ着実に戦死者の祭神化・英霊化が一歩一歩進められていったのである。[10]

つぎに全国的な規模で戦没者の追悼式が行なわれたのは「千鳥ヶ淵戦死者墓苑除幕式」で一九五九年三月二八日のことである。「全国戦没者追悼式」と銘打っては行なわれていない。

政府主催の「全国戦没者追悼式」が八月一五日に行なわれるのは、一九六三年のことで、日比谷公会堂での開催である。この年から毎年、八月一五日に「全国戦没者追悼式」が開催され、「終戦記念日」と位置づけられていくのである。「天皇の声によって真珠湾攻撃が始まったと意識されていたかどうかは別にして、『大東亜戦争』は天皇の戦争であり、それが天皇の声によって終わったと記憶された」[11]のである。終戦記念日として新聞等で報道されるのは、一九六三年以降のことである。

その後、ラジオで流れる天皇の〝玉音放送〟に耳を傾ける国民の姿などを、テレビのドキュメンタリー（記録映像）などで繰り返し視聴することで、八月一五日が終戦・敗戦記念日として国民に刷り込まれていくのである。天皇の戦争終結の〝聖断〟という意味付与が行なわれることで、戦前・戦中からの天皇制イデオロギーが温存され国民の意識のなかに残存することとなった。

「戦没者」には外地への侵略で虐殺した犠牲者はまったく対象とされなかったところに、内政対策としての「戦没者」への慰霊・追悼に押し込められている現実がある。

３　慰霊の意味を考える

▼本土における慰霊の意味

本土における慰霊の特徴について整理してみたい。

その第一は、沖縄を除いて本土における慰霊の季節は八月に集約されている。もっと限定的にいえば、八月六日の広島原爆投下の日、九日の長崎原爆投下の日、一五日のいわゆる「終戦記念日」が本土における慰霊旬間となっている。それ以外の日々では「戦死者や戦災死者は再び八月が巡ってくるまで、眠りにつかせられる」[12]のである。補足的にいえば、例年秋になると、千鳥ヶ淵戦没者墓苑奉仕会が主催する「秋季慰霊祭」が執り行なわれている。そこでは陸上・海上・航空の各自衛隊が部隊参列を行なっている。いずれにしても全国的に慰霊の行事が行なわれるのは、きわめて限定された日程に押し込められており、通年的に継続的に戦争を考える国ではなかったといえよう。

この慰霊旬間の内実は広島、長崎、靖国神社、国立千鳥ヶ淵戦没者墓苑[13]などが慰霊の象徴的な空間となっており、広島原爆ドーム、長崎平和祈念像、靖国神社と遊就館、千鳥ヶ淵戦没者墓苑などの表象的な建造物に代表されている。

とくに広島平和記念公園の原爆死没者慰霊碑に刻まれた「安らかに眠って下さい　過ちは繰返しませぬから」という碑文について議論がなされてきた。「過ち」を犯した主体があいまいにされた碑文の内容は、本土における慰霊の立ち位置を示している。慰霊の内容が総懺悔的な思考を形成してきたことは否めない。

さらに遊就館においては、戦死者の餓死の実態など戦争の悲惨さをほとんど見ることはできない。靖国神社・遊就館における慰霊の内容は、太平洋戦争が日本の立場においても「聖戦」であったことに収斂している。慰霊は戦死・戦没の実態を直視することから紡がれる営みであるはずである。

わが国の慰霊に関する第二の特徴として、戦後日本の慰霊は遺骨という具体物を通して行なわれることの乏しい国となっている。日本は海外の戦地とくに南洋諸島で戦死した兵士の遺骨を収集していない国であり、戦後七〇年を経てもまだ野ざらしになっている遺骨が一一三万柱（海没を含む）もある。中国東北部、フィリピン、ミャンマー、サイパンなどの中部太平洋、ニューギニア、ソロモン諸島などに放置されている。遺骨という死の可視化がなされないもとで、慰霊は長い年月をかけて抽象化された行為に変質してきたのである。

厚生労働省の戦没者慰霊事業のなかで「海外旧主要戦域等からの遺骨収集帰還」事業は図3に

表7　海外戦没者遺骨の収容状況（2015年3月31日現在）

海外戦没者概数 約240万人	収容遺骨概数	約127万柱
	未収容遺骨概数	約113万柱
	うち［1］海没遺骨	約　30万柱
	［2］相手国事情により収容が困難な遺骨	約　23万柱
	上記［1］、［2］以外の未収容遺骨（最大）	約　60万柱

（出所）厚生労働省ホームページ
http://www.mhlw.go.jp/stf/seisakunitsuite/bunya/hokabunya/senbotsusha/seido01/

示されている。

海外などからの戦没者の遺骨の収容は、一九五二（昭和二七）年度から南方地域において始まっている。この結果、これまでに遺骨収集帰還事業により約三四万柱の遺骨を収容し、陸海軍部隊や一般邦人の引揚者が持ち帰ったものを含めると、海外戦没者約二四〇万人のうち約一二七万柱の遺骨を収容している。海没（海に沈むこと）したとされる約三〇万柱を含めて未収容遺骨概数は約一一三万柱である。戦死者の約半数分しか遺骨を収集しておらず、遺族のもとに届けられないままである。

第三の特徴として、慰霊の営みはフィクション（虚構）によって具体化されたものである。そもそも遺骨を家族のもとに還すことは軍部の至上命令的役割であった。すなわち日清・日露戦争を通じて確立した「戦場掃除」（とくに「死者の処置の為」、死亡原因・地点・日時などを把握して火葬することが定められていた）と「内地還送」（戦死者の遺骨の国内送還の規定は一九三七年七月に勃発した日中戦争のときには制定されており、遺骨還送のルートも決められていた）という二大原則は、第二次世界大戦ま

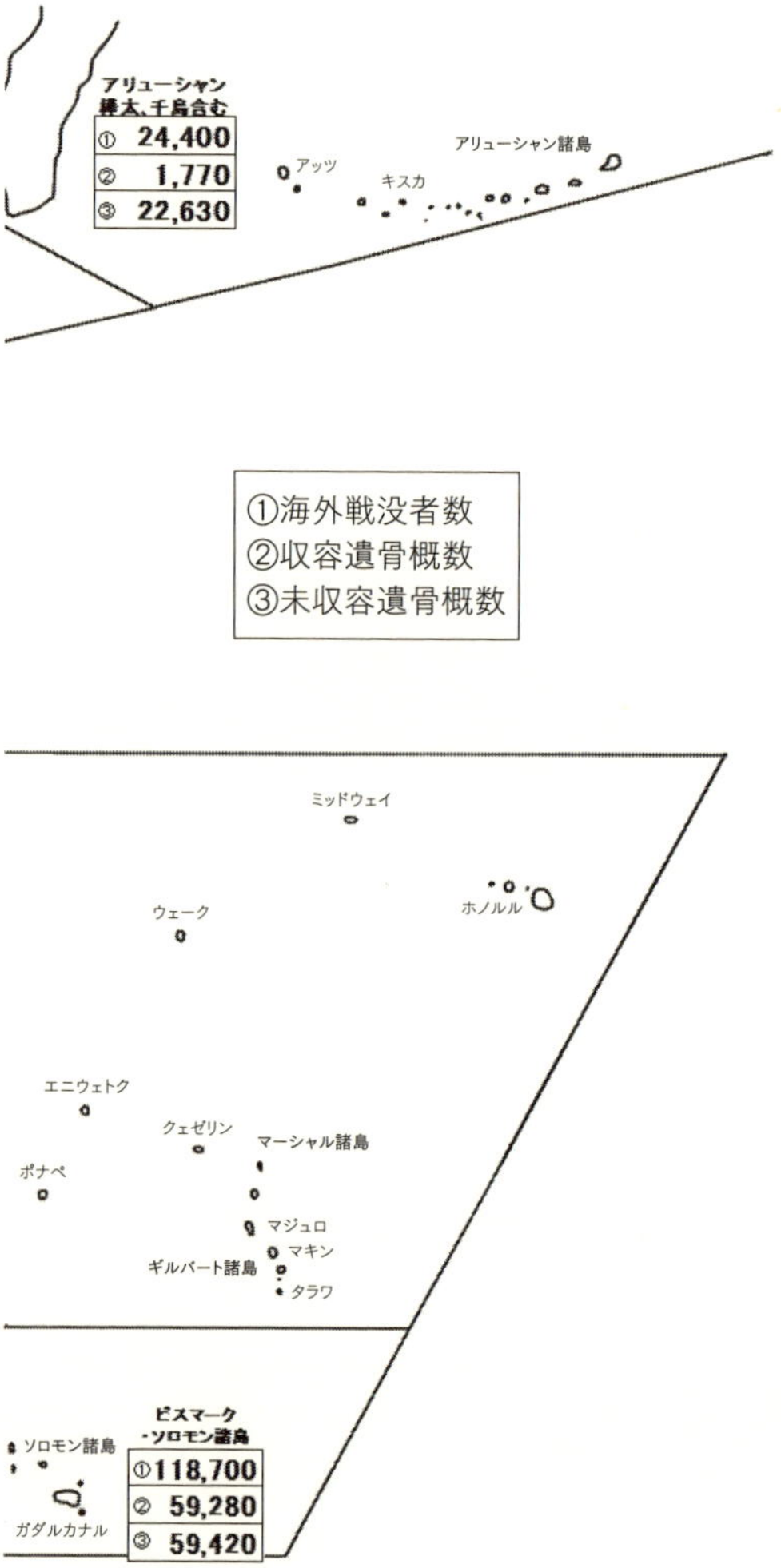

shuuyou/index.html

では規程的には継承されてきた役割であった[14]。

しかし実際には未収容遺骨概数（図3）にみるように、半数の遺骨しか収集できていない。遺骨が還らない現実に対して、多くの遺族は「空《から》の遺骨箱」（戦死地の砂袋か名前を書いた紙一枚が入っているだけのものが多かった）を受け取らざるを得なかったのであり、戦死者は「軍部によって強制されたフィクション[15]」として受け容れざるを得なかったのである。「空の遺骨箱」という具体物とともに「英霊」という精神的なフィクションを二重に用意したのであった。

図３　地域別戦没者遺骨収容概見図（2016 年１月末現在）

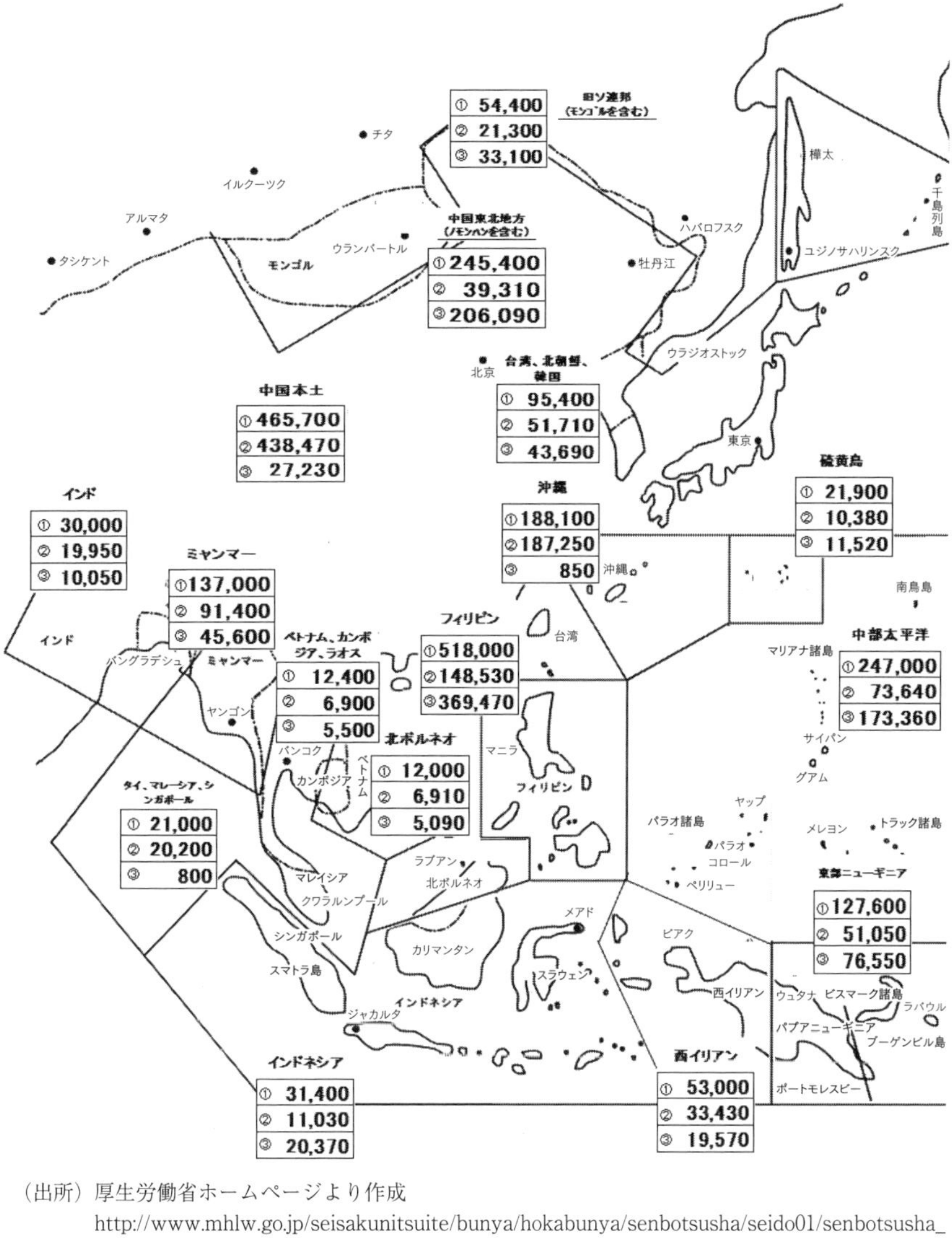

（出所）厚生労働省ホームページより作成
http://www.mhlw.go.jp/seisakunitsuite/bunya/hokabunya/senbotsusha/seido01/senbotsusha_

遺体・遺骨の還送の問題とともに、むしろそれ以上に国が重視したのは、戦没軍人を英霊として顕彰し祀ることであった。したがってそこでの課題となるのは、「英霊の基準」であり、合祀の対象が問われることとなった。この点については後述するが、戦前には存在しなかった軍・国と雇用関係にあった「準軍属」という新たな規定を設けることで靖国神社への「合祀資格」を拡大していった。「準軍属」は国の補償の対象とされたが、東京大空襲をはじめとした一般戦災死亡者は捨て置かれたのである。(16)

ようやく遺骨収集が実施されるようになるのは、一九五二年一月〜四月に実施された硫黄島および沖縄への遺骨調査団の派遣からで、それによって、勇ましく喧伝された玉砕の実態がはじめて国民の前に晒されることになる。そこではじめて海外戦死者の実状が可視化されることとなった。敗戦後七年にして、太平洋戦争の激戦地の状況が国民に知らされたのである。

▼沖縄における慰霊の日

一方、沖縄戦は本土とは戦争の様相がまったく違うものであった。沖縄戦の特徴を端的にいえば、「軍官民共生共死の方針」のもとで住民を巻き込んで地上戦が行なわれた点にある。(17)

沖縄における慰霊の日の始まりは、住民の祝祭日に関する立法によって「慰霊の日　六月二二日　沖縄戦の戦没者の霊を慰め、平和を祈る」ために制定された（琉球政府立法院「琉球政府公報（号外）」第三二号、一九六一年七月二四日）。ただしこの時点での慰霊の日は六月二二日であった。

その後、沖縄方面最高責任者である第三二軍を指揮した牛島司令官が、六月二三日に摩文仁《まぶに》の丘で自決したことが明らかになることによって、現在の慰霊の日に特定されることになる。

沖縄県慰霊の日を定める条例（一九七四〈昭和四九〉年一〇月二一日）において、「第一条　我が県が、第二次世界大戦において多くの尊い生命、財産及び文化的遺産を失つた冷厳な歴史的事実にかんがみ、これを厳粛に受けとめ、戦争による惨禍が再び起こることのないよう、人類普遍の願いである恒久の平和を希求するとともに戦没者の霊を慰めるため、慰霊の日を定める」「第二条　慰霊の日は、六月二三日とする」こととされた。

ただ沖縄戦は、第三二軍を指揮した牛島司令官が摩文仁の丘で自決したことをもって終結したというわけではない。六月二三日以降も米軍による日本軍の掃討戦は継続され、多くの死傷者を出し続けたのである。北村毅の指摘するように、「最高責任者の自決により、沖縄戦は終わりのみえない戦争となった(18)」のである。

住民は〝国破れて山河なし〟の荒野に放置されることになった。日本軍および日本政府は住民のいのちを守るという戦後処理の責任さえ放棄していたし、検討さえしていなかった。六月二三日は戦争遂行者の視点からみての終結であって、実際に戦争の犠牲者である兵士と住民にとっては、南西諸島の日本軍が降伏文書に調印した九月七日以降もガマや山原《やんばる》を含めた山岳地帯で投降を拒否し、ないしはできないままでいた現実があった(19)。

戦闘中の占領化が進む中で、収容所内の孤児院において栄養失調や衰弱などによって、少なくない子どもたちがネグレクト死した。ネグレクトとは、「養育責任の怠慢・拒否」「養育の放棄」であり、子ども虐待の主要な内容である。国家（占領軍）による虐待という側面を孤児院におけるネグレクト死は内包している。占領国としての捕虜住民のいのちを守る責任を果たしていない現実があったといわざるを得ない。

ポツダム宣言[20]において、「6、吾等ハ無責任ナル軍国主義ガ世界ヨリ駆逐セラルルニ至ル迄ハ平和、安全及正義ノ新秩序ガ生ジ得ザルコトヲ主張スルモノナルヲ以テ日本国国民ヲ欺瞞シ之ヲシテ世界征服ノ挙ニ出ヅルノ過誤ヲ犯サシメタル者ノ権力及勢力ハ永久ニ除去セラレザルベカラズ」「10、吾等ハ日本人ヲ民族トシテ奴隷化セントシ又ハ国民トシテ滅亡セシメントスルノ意図ヲ有スルモノニ非ザルモ吾等ノ俘虜ヲ虐待セル者ヲ含ム一切ノ戦争犯罪人ニ対シテハ厳重ナル処罰加ヘラルベシ日本国政府ハ日本国国民ノ間ニ於ケル民主主義的傾向ノ復活強化ニ対スル一切ノ障礙ヲ除去スベシ言論、宗教及思想ノ自由並ニ基本的人権ノ尊重ハ確立セラルベシ」などの内容が明記されている。

「日本国国民ヲ欺瞞シ之ヲシテ世界征服ノ挙ニ出ヅルノ過誤ヲ犯サシメタル」事実を踏まえて、日本政府が「基本的人権ノ尊重ハ確立セラルベシ」という課題を担っていくことが明示されている。その意味で戦争の反省と基本的人権の尊重は、戦後政治の出発点であり立脚点である。

戦後ではあるが、「ジュネーブ諸条約（一九四九年八月一二日）第一追加議定書」（一九七八年一二月七日効力発生）の「文民たる住民の保護（第四編）」の「女子・児童等の保護」で、「紛争当事者に権力内に陥った者に対する最低限の待遇の保障」（第七五条）、「女子の特別の保護」（第七六条および第七七条）、「児童の特別の保護・児童の避難」（第七七条および七八条）の規定がある。

戦闘の終結を誰のどのような視点で捉えるのか、率直にいえば民衆史の視点から沖縄戦の終結をどのように捉えるかはまさに政治の論理が問われている。住民生活の視点からみれば、戦闘によって死の危険がなくなったときにはじめて終戦を自覚するのである。その意味であえていえば、沖縄においてはまだ終戦とはいえない現実が続いているということができる。八月一五日で終戦を確認できる本土との決定的な差があるといえよう。

一九六一年および一九七四年の慰霊の日の規程においても、慰霊の対象は「戦没者」である。しかし死者に対する慰霊の中身が問い直されているという点で大きな変化がある。それは一九七二年の本土復帰以前のアメリカ統治下にある沖縄と復帰後の沖縄の政治状況の違いであるといえよう。七四年の条例では、慰霊の内容は「多くの尊い生命、財産及び文化的遺産を失つた冷厳な歴史的事実」を表明するところから出発しているのである。沖縄の場合は犠牲者に占める住民の割合が圧倒的であり、沖縄県民の四人に一人が亡くなっている。一九四〇年（実施年）国勢調査によれば、県民人口は五七万四五七九人、推計人口でいえば四四年五九万四八〇人、四五年では推計人口（宮古・八重山を含む）は三二万六六二五人である。[21]

▼本土と沖縄、慰霊の意味の比較

慰霊の中身について、本土における慰霊との比較を意識して整理すると、第一に、沖縄における慰霊の意味は、「戦没者」の亡くなり方、戦死のあり方を問い直していることがあげられる。つまり日本軍の戦闘の盾にされたなかでの犠牲であったことに最大の特徴がある。

第二に、慰霊の内容は死者の過去への眼差しであるだけではなく、沖縄の現在と未来を繋げるための死者への問いかけでもある。沖縄県知事の翁長雄志《おながたけし》は、選挙の前には魂魄《こんぱく》の塔（住民、軍人、米軍、韓国朝鮮人、沖縄戦で死んだ約三万五〇〇〇人の人々が軍民、人種を問わず葬られた、沖縄最大の塔である。これが戦後もっとも早く建てられた慰霊碑である。建立に尽力した元立法院議員、元真和志村長の翁長助静は現県知事の父親である）に参拝をして、平和への誓いを刻むことを続けている。

第三として、沖縄の慰霊のあり方は、本土の政治家の「戦没者」への視線を問い直し続けてきたといえよう。何のためにいのちを失ったのかの根源的な問いかけに真摯に答えてきたとは言えない日本政府の現実と歴史がある。「戦没」した人々を慰霊するという生者における慰霊のあり方こそが問われているのである。

4　戦傷病者戦没者遺族等援護法のしくみと沖縄の「英霊」

▼戦傷病者戦没者遺族等援護法のしくみ

日本政府は沖縄戦における住民体験を隠蔽・抑圧・変質させるための方策を、一九五二年四月三〇日制定の「戦傷病者戦没者遺族等援護法」（以下、「援護法」）を梃子《てこ》に戦略的にすすめてきた。その特徴的な手法は、住民を「準軍属」として軍人扱いをすることで、靖国神社に祭神として合祀することである。[22]

「準軍属」扱いとされるための要件は、陸上自衛隊幹部学校編『沖縄作戦講話録』によれば、「戦闘（原著では「戦斗」）協力者」として「直接軍の要請等に基づいて行動中死傷したもの」[23]である。陸軍関係戦闘協力者四万八五〇九人（一九五〇〈昭和二五〉年三月末申告数）の一四歳未満の死没者を年齢別に示すと、**表8**の通りである。

「戦闘協力者」全体のうち、一四歳未満の子どもたちは一万一四八三人で、約二四％を占めている。この年齢の子どもたちを「戦闘協力者」と位置づけることで「準軍属」とし、援護法の対象としてきたのである。その協力の内容には、「壕提供」（一万一〇一人）、「自決」（三一三人）、

表８　沖縄戦における陸軍関係戦闘協力者

年　齢	死没者数	年　齢	死没者数
13歳	1074人	6歳	733人
12歳	757人	5歳	846人
11歳	696人	4歳	1009人
10歳	715人	3歳	1027人
9歳	697人	2歳	1244人
8歳	748人	1歳	989人
7歳	767人	0歳	181人
			合計：1万1483人

（出所）陸上自衛隊幹部学校編『沖縄作戦講話録』（防衛研修所戦史室、1961年）、4－20

「四散部隊への協力」（一五〇人）、「友軍よりの射殺」（一四人）などが含まれている。「壕提供」は日本軍による住民の追い出しであったことは多くの証言で語られるところである。(24)

「援護法」（一九五二年四月三〇日制定）とは、「軍人軍属等の公務上の負傷若しくは疾病又は死亡に関し、国家補償の精神に基き、軍人軍属等であつた者又はこれらの者の遺族を援護することを目的」（第一条）とした法律である。ちなみに軍属とは、「旧日本陸海軍に勤務した軍人以外の者の総称」（『ブリタニカ国際大百科事典』小項目事典の解説）である。

同法第二条（軍人軍属等）では、

「3　この法律において、「準軍属」とは、次に掲げる者をいう。

一　旧国家総動員法第四条若しくは第五条（旧南洋群島における国家総動員に関する件〈昭和十三年勅令第三百十七号〉及び旧関東州国家総動員令においてよる場合を含む。）の規定に基く被徴用者若しくは総動員業務の協力者……（略）

二　もとの陸軍又は海軍の要請に基く戦闘参加者（※傍線は浅井）
……（三〜七は略）」

があげられている。「軍人軍属等」として、「準軍属」が掲げられている。「軍人軍属等」であった者が「援護法」の対象であるが、沖縄住民に適用された事情について、つぎのように解説をしている。

「援護法は、国家補償の精神に基づき、①国と雇用関係（軍人および軍属）または雇用類似の関係（準軍属）にあった者が、②公務上または勤務に関連した傷病により死亡された場合、③死亡者の遺族に、④遺族年金または遺族給与金および弔慰金を、支給しようという法律です[25]」。

ここで重要なポイントは、戦場での死亡もしくは傷病は「国と雇用関係（軍人および軍属）」か「雇用類似の関係（準軍属）」があったかどうかが、援護法の受給対象となるかどうかの分岐点である。戦闘中の避難住民が日本軍から命令・強制・要請を受けた場合には「国と雇用類似の関係」が成立しているとすることで、「準軍属」扱いをしていくことで、適用の道をこじ開けたのである[26]。

先の註25に挙げた『援護法Q＆A』では、準軍属について「軍の要請に基づいて戦闘に参加した戦闘参加者」（三四〜三五ページ）であると直截に書いている。それは「官民が一体となって戦闘が行われた地域においては、日本軍の戦闘を有利に導くため、軍の要請による弾薬・食糧の運搬、避難壕の提供など戦闘を幇助《ほうじょ》する軍事行動に参加した者」（同四八ページ）も戦闘参加者に含まれる。

沖縄戦の実態は「軍官民共生共死の一体化」方針のもとで、「軍の要請に基づいて戦闘に参加した」状況であり、まさに軍の命令は絶対で、住民の意思や判断などが介在する余地はまったくなかった。

そうした状況のなかで、軍の命令と要請に基づいて積極的に戦闘に参加した「軍事行動」としての〝集団自決〟によって戦没したと申請しないと、「戦闘参加者」として受給対象にはならず、「準軍属」としては規定されなかったのである。

▼沖縄の「英霊」のつくり方

日本政府は、一九五七年三月から五月の間、厚生省引揚援護局から戦闘参加者調査のため沖縄に職員を派遣し、事情聴取するとともに戦闘参加の内容を設定すると同時に援護課、各市町村に対し事務指導を行なった。

「戦時中、国家総動員法に基づいて徴用され敵弾により死亡し負傷を受けた者、及び軍の要請により戦斗《ママ》に協力し任務遂行中、死亡又は負傷した者は戦斗協力者として準軍属の身分を有することになり、援護法適用時は3万円（日円）の弔慰金が国債で支給されたのみであったが、昭和34年からは遺族給付金、障害年金も支給されるようになったのである[27]」。

認定手続きはつぎのように行なわれてきた。「①遺族から『戦斗参加申立書』を市町村役場に提出する。②市町村はこの申立書を審査して、戸籍照合のうえ義勇隊、直接戦斗、弾薬、食糧、患者等の輸送、陣地構築、炊事、救護等雑役、食糧供出、壕の提供等を書き入れ、これに戦斗参加概況書を添付し、連名簿を４部作成して援護課に送付する。③援護課ではこれを審査して事実認証の上、厚生省未帰還調査部、海軍は佐世保地方復員部に進達する。④厚生省未帰還調査部、又は佐世保地方復員部ではこれを審査の上、連名簿に該当、非該当の印を押して、援護課に返信する。⑤援護課では諸帳簿を整理して、連名簿を市町村に送付する。⑥市町村からこれによって、該当遺族に通知して弔慰金の請求手続きをさせる[28]」という過程が必要であった。

一九六二年には「沖縄戦戦斗協力者死没者等見舞金支給要綱」（同年二月一六日閣議決定）により、援護法に基づいた申立書が提出された者で、同法の対象とならなかった者、例えば六歳未満等の遺族に対して死没者一人当たり二万円の見舞金が支給されるようになった。

当時六歳未満の戦傷病者については「国との雇用関係がなかった」という理由で、政府は補償も援護もしていなかった。そうした実状に対して厚生省と沖縄県で協議の結果、一九八一年一〇月、国は沖縄戦当時の戦傷病者および戦没者遺族について「保護者と一体となって行動せざるを得なかったため、保護者の戦闘参加の実態により戦闘参加者として援護法を適用し処遇することを決定した[29]」のである。

こうした施策には沖縄戦傷害者の会（一九七九年一二月結成）の働きかけがあったことも大きく影響しているが、「援護法」制定には二つの意味が内包されていた。国が沖縄戦の実相を隠蔽することを目的に、住民の口封じのために援護法の対象を拡大してきたことの本質をみる必要がある。六歳未満の子どもさえも「戦闘参加者」として保護者を通して国との雇用関係があることを認定することで、生活困難な住民の暮らしを支援する福祉機能をもった援護法の役割を果たしてきたのである。

こうして「準軍属」として認定されることで、「靖国神社合祀予定者名簿」に記載され、日本政府の出先機関である「那覇南方連絡事務所」から厚生省経由で靖国神社に送られ、子どもであっても祭神として靖国神社に合祀されていく。(30)「援護法」制定のもうひとつの意味は、戦死者を英霊として祀ることで、沖縄戦の実態の露骨な捏造《ねつぞう》の仕組みをつくり、戦争の記憶の封じ込めが行なわれたのである。

靖国神社は「現人神《あらひとがみ》の天皇陛下も御親拝あそばされる最高位の別格官幣社」とされていた。兵士として軍隊に取られて戦死し、大黒柱を失うことになった。その戦死の実態は戦地での飢え死であったことが指摘されている。戦没軍人・軍属約二三〇万人の総数に対して、一四〇万人が戦病死者であり、そのほとんどが餓死者ということである。(31)遺骨もまともに還って来ないなかで、戦争と軍隊に国民の怒りの矛先が向かっても不思議ではない。しかし「その怒り憎しみを喜びに転化させる装置が、靖国神社だった(32)」のであり、「援護法」制定のもうひとつの意味として、そうした心理的コントロール機能を持たされてきたのであった。

このような仕掛けが一九五〇年代初頭から画策され、沖縄戦体験の記憶を封じ込め、抑圧してきた。沖縄戦は〝集団自決〟に象徴されるように、軍隊が住民を守らないばかりか、住民のいのちを奪う存在であることを白日の下に晒したという点に本質がある。そして英霊のつくり方こそが戦争の本質を秘匿する策略であることを歴史的に証明しているのである。

5　戦争の記憶と反戦の意思を繋ぐ

▼戦争の記憶とは何か

沖縄の住民において戦争の記憶は、戦場そのものの記憶である。一方、本土においても民衆にとっては米軍の大型爆撃機による一方的な爆撃や原子爆弾による被爆、焼夷弾による延焼被害などから逃れる記憶である。また出征兵士を送り出し、帰還兵を迎える記憶であることも多い。また兵士を待ち続ける暮らしの記憶であることも少なくない。さらに戦争孤児としての戦中戦後の浮浪児としての記憶であったり、孤児院での暮らしであったりもする。

戦争の記憶は、長い歳月の眠りから覚めて突如として、あるいはじわじわと〝よみがえる〟戦争トラウマとしての記憶であることも少なくない。戦争の記憶は、日米両国の兵士の戦場の記憶として、さらに無防備なまま戦場に放置された住民の記憶のなかで人間の精神を蝕《むしば》んでいく(33)。

沖縄における戦争の記憶は、戦場の真っ只中での実体験の住民の記憶である。戦場は〝人間が人間でなくなるとき〟[34]を生起する。とくに沖縄戦の住民の記憶は、多くの住民の証言と戦場の実態を集約していえば、「軍官民共生共死の一体化」の方針のもとで、「軍は住民を守らなかった」という事実である。[35]沖縄住民が体験した軍隊の真実は、住民を守らないばかりではなく、スパイ狩り、方言撲滅運動、決戦教育の強制、壕の追い出し、強制的な民家の接収、強制集団死への誘導などの事実が明らかになっている。[36]

沖縄における戦争の記憶とは、直接的な死の場面の連続であり、人間の人間らしさの喪失体験であり、目に焼き付いた死体の山であり、眼の前に広がるまた掘り起こされる白骨の風景である。

▼戦争の記憶の風化に抗して、反戦の意思の紡ぎ方

現在、戦争の記憶の風化が課題として論議されている。沖縄においても慰霊碑の碑文は、戦没兵士への追悼文ではあっても、住民被害の事実は書かれていないことが少なくない。その点では摩文仁の丘に広がる「平和の礎」には〝敵・味方を超えて〟沖縄戦で死亡した一人ひとりの名前が刻銘されており、戦争の被害を風景として私たちの目に焼き付けている。ひめゆり学徒隊の生存者が建て運営してきた「ひめゆり平和祈念資料館」で、沖縄戦体験者の語り部の「講話」が二〇一五年三月末で終了した。同時に戦争体験のない若い語り部に引き継がれる取り組みが行なわれている。

戦争の歴史を国家と軍隊を中心にした記述と語りとして残そうとする限り、戦争の記憶は風化していくことになる。さらに、歴史修正主義の動きのなかで、風化は促進されることになる。

いま戦争の記憶の風化に抗するスタンスをとるためには、第一に、沖縄戦の記憶の残し方に学ぶことであり、それは住民・民衆とくに女性や子ども、高齢者、障がい者などの実体験から事実を掘り起こし、記録し語り継いでいくことであろう。沖縄戦では、組織的戦闘が終わったとされる一九四五年六月二三日以降に、四万六〇〇〇人の住民が死亡した事実に驚きを禁じ得ない（ＮＨＫ「沖縄戦全記録」二〇一五年六月一四日放送）。戦争に誰がどのように召集され、戦闘にどうかかわったのか、その内実が問われる必要がある。「防衛召集」によって一四歳以上の男子が対象とされ〝根こそぎ動員〟され〝斬り込み〟を命じられていた。「出血持久戦」の終末の実態である。こうした戦争の事実を積み上げていくことが必要である。

第二に、日米の視点だけでなく、アジアの視点で学び直すことも重要な戦争の記憶の引き継ぎ方である。日本軍のアジア侵略とともに「弱い立場の者はさらに弱い立場に追い込まれるという戦場の構造」は、とりわけ朝鮮人軍夫と日本軍「慰安婦」の人々に代表されるアジア内部の抑圧関係を視野においた記憶と記録のあり方こそ問われるべきである(37)。

第三として、過去の史実を直視するとともに世界の戦争・紛争の現実を踏まえて、未来をどのように創っていくのかという視点で、戦争の事実を学び直していくことが重要な課題となる。日本と世界の未来を考える視点は、日本国憲法の中にあると考える。その点でいえば、集団的自衛権と安全保障関連法案（二〇一五年九月一九日未明、参議院本会議で成立）をめぐる論議は、わが国の未来を考える視点で国民的討論を浮上させ、国民の民主主義形成の動員力を高めることになったと考えている。

まとめにかえて――福死の国策に抗して

戦争と福祉は対極にあって、戦争はもっとも非福祉的な行為である。海外で戦争する国づくりは、戦争と福祉の負の歴史を再び繰り返すことになる。安倍政権のもとで「国際平和支援法」と一〇本の戦争法案を成立させたが、こうした動きと表裏一体で、介護保険や医療制度などを改悪して二〇一五年度には三九〇〇億円もの社会保障費を削減した。それに対して、オスプレイ五機分で一〇六〇億円を計上している。日本政府の想定購入価格は、一機あたり約一〇〇億円としていたが、アメリカ側が提示した価格は一機あたり約二一二億円であった。国が戦争に向かって進むときは、社会保障費が削られて軍事に使われる。一時的には戦力確保のために戦時厚生事業として予算が投入されることは歴史の事実としてあるが、それはよりよく生きるための福祉ではなく、死ぬことも辞さない戦力の確保と戦時体制の形成・推進のための〝福死〟事業であった。「大砲かバターか」という言葉があるが、安倍政権の軍事大国路線は「大砲とともに、質の悪いマーガリン」路線であるといったほうがよい。「高品質のバターはお金持ちがお金を出して買いなさい、質の悪いマーガリンは貧しい人にも提供しましょう。国のお金は大砲につぎ込みますよ」と。

あらためて戦争に対する事実・現実・真実の捉え方と戦死者に対する慰霊のあり方を考えることが求められている。

【註】

1　コモンウェルス戦争墓地委員会（Commonwealth War Graves Commission）Annual Report 2010–2011。http://www.cwgc.org/learning-and-resources/publications/annual-report.aspx

2　藤原彰『餓死《うえじに》した英霊たち』（青木書店、二〇〇一年）、一三一～一三二ページ。

3　川村邦光「戦死者とは誰か」川村邦光編著『戦死者のゆくえ』（青弓社、二〇〇三年）、五八～五九ページ。

4　大田昌秀『沖縄　平和の礎』（岩波新書、一九九六年）、一〇五～一〇六ページ。

5　日置英剛編『年表　太平洋戦争全史』（国書刊行会、二〇〇五年）、六八〇ページ。

6　前掲3、五四ページ。

7　「日本国は、北緯二十九度以南の南西諸島（琉球諸島及び大東諸島を含む。）、孀婦岩の南の南方諸島（小笠原群島、西之島及び火山列島を含む。）並びに沖の鳥島及び南鳥島を合衆国を唯一の施政権者とする信託統治制度の下におくこととする国際連合に対する合衆国のいかなる提案にも同意する。このような提案が行われ且つ可決されるまで、合衆国は、領水を含むこれらの諸島の領域及び住民に対して、行政、立法及び司法上の権力の全部及び一部を行使する権利を有するものとする。」

8 信託統治制度とは、国際連合の信託を受けた国が、一定の非独立地域を統治する国連憲章第七五条に規定された制度である。

9 福永文夫『日本占領史1945-1952――東京・ワシントン・沖縄』(中公新書、二〇一四年)、一六六～一六七ページ。

10 村上重良『慰霊と招魂――靖国の思想』(岩波新書、一九七四年)、二〇一～二〇五ページ。

11 前掲3、五五ページ。

12 同右、四九ページ。

13 http://www.boen.or.jp/

この墓苑は戦死者の遺骨収集で日本に持ち帰られた、人物を特定できない遺骨が納骨室に納めてある「無名戦士の墓」であるとともに、先の大戦で亡くなった全戦没者の慰霊追悼のための墓苑でもある。二〇一五年一一月一三日現在、三六万二五七七の遺骨が納められている。

14 浜井和史『海外戦没者の戦後史――遺骨帰還と慰霊』(吉川弘文館、二〇一四年)、二八～三二ページ。

15 同右、二一七ページ。

16 伊香俊哉『戦争はどう記憶されるのか――日中両国の共鳴と相剋』(柏書房、二〇一四年)、三六～四二ページ。

17 大田昌秀「沖縄戦」大田昌秀・浅井春夫・植田章・桂木志保・熊上崇・芝田英昭・林千代・山城

紀子・結城俊哉『戦争と福祉についてボクらが考えていること』（本の泉社、二〇一五年）、および大田昌秀『沖縄の「慰霊の塔」――沖縄戦の教訓と慰霊』（那覇出版社、二〇〇七年）を参照。

18　北村毅『死者たちの戦後誌――沖縄戦跡をめぐる人びとの記憶』（御茶の水書房、二〇〇九年）、四二ページ。

19　大城将保『改訂版　沖縄戦――民衆の眼でとらえる「戦争」』（高文研、一九八八年）、一四三～一四四ページ。

20　ナチス・ドイツ降伏後にベルリン郊外ポツダムにおいて、米国、英国、ソ連の三か国の首脳が集まり、第二次世界大戦の戦後処理について話し合った。いわゆるポツダム会談である。一九四五年七月二六日、ポツダム宣言は、この会談の期間中、米国のトルーマン大統領、イギリスのチャーチル首相と中華民国の蒋介石国民政府主席の共同声明として発表されたものである。

21　沖縄県群島政府『故《ふる》きを温《たず》ねて――一九五〇年沖縄群島要覧』（沖縄県群島政府統計課、一九五一年）。

22　石原昌家「『沖縄戦体験』を捏造した『援護法』の仕組み」石原昌家編『ピース・ナウ沖縄戦――無戦世界のための再定位』（法律文化社、二〇一一年）、二四ページ。

23　陸上自衛隊幹部学校編『沖縄作戦講話録』（防衛研修所戦史室、一九六一年）、㈣一九ページ。

24　同右、四～二一ページ。

25　厚生省社会・援護局援護課監修『援護法Q＆A――仕組みと考え方　戦傷病者戦没者遺族等援護法』（新日本法規、二〇〇〇年）、一ページ。

26　前掲22、二九～三〇ページ。

27　沖縄県生活福祉部援護課編『沖縄の援護のあゆみ――沖縄戦終結50周年記念』（沖縄県生活福祉

部、一九九六年)、一三ページ。
28　同右、一三ページ。
29　同、一四ページ。
30　前掲22、三〇~三一ページ。
31　前掲2、一三一~一三九ページ。
32　山中恒『靖国の子——教科書・子どもの本に見る靖国神社』(大月書店、二〇一四年)、三ページ。
33　蟻塚亮二『沖縄戦と心の傷——トラウマ診療の現場から』(大月書店、二〇一四年)、「序章　脳のなかの戦争記憶は風化しない」参照。
34　大田昌秀『写真記録　人間が人間でなくなるとき』(沖縄タイムス社、一九九六年)。
35　戦場体験放映保存の会・中田順子・田所智子編著『戦場体験キャラバン——元兵士2500人の証言から』(彩流社、二〇一四年)、二三〇~二三二ページ。
36　大城将保『沖縄戦の真実と歪曲』(高文研、二〇〇七年)、「第Ⅱ部　沖縄住民が体験した『軍隊と戦争』」。
37　若林千代「戦没者実相　問い直しを——朝鮮・台湾出身者視点で」「沖縄タイムス」(二〇一五年六月二九日付)。

【参考文献】

大田昌秀『死者たちは、いまだ眠れず——慰霊の意味を問う』(新泉社、二〇〇六年)
小熊英二『生きて帰ってきた男——ある日本兵の戦争と戦後』(岩波新書、二〇一五年)
栗原俊雄『遺骨——戦没者三一〇万人の戦後史』(岩波新書、二〇一五年)

島本慈子『戦争で死ぬ、ということ』（岩波新書、二〇〇六年）
長勢了治『シベリア抑留――日本人はどんな目に遭ったのか』（新潮選書、二〇一五年）
半田滋『日本は戦争をするのか――集団的自衛権と自衛隊』（岩波新書、二〇一四年）
樋口健二写真・文『毒ガスの島』（増補新版、こぶし書房、二〇一五年）
堀川惠子『原爆供養塔――忘れられた遺骨の70年』（文藝春秋、二〇一五年）
三上智恵『戦場ぬ止み――辺野古・高江からの祈り』（大月書店、二〇一五年）
むのたけじ『100歳のジャーナリストからきみへ』（汐文社、二〇一五年）

第6章　「子ども・若者の貧困」と「経済的徴兵制」の現実味

はじめに――国に、子どもの貧困を解決する意志がないことこそ問題

▼解決する姿勢がまったく見えない政府

子どもの貧困をめぐる今日的状況を一言でいえば、ますます深刻化しており、その現実を生み出しているのが新自由主義政策にあり、さらにいえばアベノミクスの道は必然的に生活困難を深刻なものにし、子どもの貧困をいっそう拡大・深化させていくことになる。

問題は、「子どもの貧困」「シングルマザーの貧困」「女性の貧困」「高齢者の貧困」「若者の貧困」「高学歴女子の貧困」など、貧困をめぐるキーワードがメディアで取り上げられているなかで、具体的な解決策＝政策を提示していない国の姿勢・意志が見えないところにある。

政府は「子どもの貧困対策の推進に関する法」（二〇一三年六月一九日成立／六月二六日公布）を踏まえて、二〇一四年八月二九日に「子供の貧困対策に関する大綱について」（なぜか「子供」を使用）を閣議決定したが、この問題では基本的戦略でもある子どもの貧困率の削減数値目標を設定することに背を向けてしまっている。

この点に政府の基本的な姿勢を見ることとなった。残念ながらこの国の政府は、本気で子どもの貧困を改善する意志のない国であると言わなければならない。

▼国の姿勢を示す本物の目安

ユニセフ・イノチェンティ研究所の「先進国における子どものしあわせ――生活と福祉の総合的評価」（国際子ども基金、二〇〇七年）の冒頭（表紙）で「国の姿勢を示す本物の目安とは、その国が子どもたちに対してどれほどの関心を払っているかである」という視点を提起している。

日本の現状はいま大きな分かれ道にある。ひとつの道はまず国家の安泰、そのために強い国であってこそ一人ひとりの子ども・人間を守ることができるという考え方である。もうひとつの道は、日本国憲法や子どもの権利条約の基本理念と具体的条項の内容・考え方を活かす道であり、一人ひとりの幸せが束になって国の幸せがあるという考え方である。この分岐点が国の政治のあり方として問われている。後者の立場で考える私にとって、一人ひとりの子どもたちの幸せをどう保障するのか、国の姿勢の「本物の目安」として、子どもの貧困対策の中身を問いたい。

拙著『脱「子どもの貧困」への処方箋』（新日本出版社、二〇一〇年）のなかで、全国一〇〇の子どもの貧困事例をあげているが、私が一番印象に残っているのは、福岡でのシンポジウムのなかでの歯科医師の会場発言で、「治療しようと思ったけれども、私の歯科医院に来るまでにすでに総入れ歯にしなくてはいけない状況だった。結果的に、ほぼ総入れ歯に近い状態にせざるを得なかった」という内容であった。

総入れ歯にするということは、どういうことなのかということが、私たちの想像力として問われている。つまり、そこに至るまでには、どれだけ夜、痛みに耐えながら寝られなかったり、学校に行って勉強したりしているときに、しくしくと痛いなかで黙って座っていたのか。冷たいものを飲んだら痛くなってくる。そういうことを何日も何か月も何年も繰り返しながら総入れ歯にしなければならない状態になっているのである。そういう現実を私たちはこの社会のなかで、放置し許していいのかということを問い続け、根本的に解決することが求められている。

人間・子どもを大切にする運動にかかわるすべての人たちの姿勢が、子どもの貧困への向かい方を通して試されている。

1 アベノミクスのなかの子どもの貧困

▼アベノミクスが国民生活を破壊する

〝アベノミクス〟とその考えの根底にある新自由主義的政策は、「子どもの貧困」対策は不十分なままにして、かえって「子どもの貧困」を悪化・深刻化させている。アベノミクスの第一の矢（量的・質的金融緩和）、第二の矢（財政出動、国土強靭化政策）から第三の矢（規制緩和政策）は的に当たらず、矢は折れた状態である。

二〇一三年のフルタイム労働者の平均月額賃金が前年比で〇・七％減少している。また非正規雇用者が一三年一一月時点で一九六四万人と過去最多で、正規雇用者は一三年一月〜一一月までの間に二六万人も減少しており、雇用の質の悪化が一層進行している。二〇一四年一〇月の正社員有効求人倍率は〇・七〇倍にとどまっており、大半の新規求人は非正規である。二〇一四年七月の実質賃金は前年比で六・二％落ち込んでいる。勤労者の生活の悪化は明白である。

安倍総理大臣は第三次安倍内閣の発足を受けて二〇一四年一二月二四日、総理大臣官邸で記者会見し、「アベノミクスの成功を確かなものにすることが最大の課題だ」としたうえで、二〇一四年一二月の衆議院総選挙で「信任」されたとして、「この道しかない」と政策実現に邁進する決意を述べている。

安倍総理大臣は今後の政権運営について、「政権発足以来、東日本大震災からの復興、教育の再生といった重要課題にも全力で取り組んできたが一層加速させていく。デフレ脱却、社会保障改革、外交・安全保障の立て直しと、どれも困難な道のりだが、私は全身全霊を傾けて『戦後以来の大改革』を進めている」と説明している。

そのうえで、安倍総理大臣は「すべからく『新たな挑戦』だ。当然、賛否は大きく分かれ、激しい抵抗もあるが、今回の衆議院選挙で『引き続き、この道を、まっすぐに進んで行け』と国民の皆様から力強く背中を押していただいた。『信任』という大きな力を得て内閣が一丸となって、有言実行、政策実現にまい進していく決意だ」と述べている。

アベノミクスは複合不況をさらに深刻化していくことになる。伊東光晴が『アベノミクス批判――四本の矢を折る』(岩波書店、二〇一四年)で指摘しているように、その経済政策は国内市場の縮小＝国民の消費支出の抑制へと連動しており、貧困の拡大・深化は必然のものとなっていく。子どもの貧困は改善されることなく、より深刻化することになることも疑いない。

二〇一五年九月二五日、自民党総裁に再選された安倍晋三首相が、今後三年間の経済政策の目標として「新三本の矢」プランを打ち出した。「アベノミクスの第二ステージ」として「ニッポン一億総活躍プラン」と銘打ち、「希望を生み出す強い経済」「夢をつむぐ子育て支援」「安心につながる社会保障」をめざすとしている。

この政策提案は安全保障関連法を強引に成立させた安倍政権に対する批判と怒りを鎮めるための弥縫策《びほうさく》といわざるを得ない。国民の信任を得られず、内閣支持率は三八・九%（共同通信社）にまで落ち込んでいる。現在（二〇一六年二月）の世論調査（時事通信社）では、支持率四六・四%となっている。さらに消費税増税（二〇一七年四月から消費税一〇%を予定）を国民生活の実態を無視して実行するアベノミクスへの批判の矛先をかわすために、経済再生と社会保障の充実へ「新三本の矢」を掲げたのである。

そうであれば、一五年度予算で社会保障予算を三九〇〇億円も削減することはなかったのである。つぎにみるように国民生活の停滞、子どもの貧困の数値は悪化の一途をたどっている。そもそも「新三本の矢」を打ち出すのであれば、アベノミクス「三本の矢」の実効性について分析と総括を真摯に行なうべきではなかろうか。

合計特殊出生率（安倍内閣では希望出生率）一・八の目標（二〇一四年＝一・四二）とすること、「介護離職ゼロ」をめざすことなどを掲げるが、あまりにも実効性がないプランである。

GDP（国内総生産）六〇〇兆円という目標も根拠が乏しい。二〇一四年では名目GDPが四九〇・八兆円、実質GDPは五二五・九兆円という現状がある。安倍政権がいうように「名目三%、実質二%以上成長」が続けば二〇年度に名目五九四兆円、二一年度六一六兆円（内閣府試算）となることが目標とされている。

「戦後最大の経済と国民生活の豊かさ」を標榜する安倍首相であるが、「三本の矢」とともに「新三本の矢」が国民生活の貧困を深刻化させることになれば、政権交代を望む国民の怒りと政治の転換のエネルギーはマックスとなることは必然である。

▼貧困ライン低下のなかの「子どもの貧困」の広がり

「子どもの貧困」を示すデータのひとつに、学用品や学校給食などの費用に対する地方自治体による「就学援助」制度がある。二〇一四年二月、文部科学省の調査結果の発表によれば、「就学援助」を受ける公立小中学生の割合は、二〇一二年度には一五・六四％に上る。対象の子どもの割合が過去五年間で増えたのは、東京、大阪を除く四五道府県で、一九八五年に一〇％を超えたところから、約一・五倍になっている。この背景には、「権利として就学援助の受給申請をしよう」という、住民運動の発展という一面もあるが、この二〇年間で日本は国際的にみても子どもの貧困を悪化させた特異な国である。

二〇一二年五月に、国際連合のユニセフのイノチエンティ研究所が発表した「先進国における子ども

2003年	2006年	2009年	2012年
14.9%	15.7%	16.0%	16.1 %
13.7%	14.2%	15.7%	16.3%
12.5%	12.2%	14.6%	15.1%
58.7%	54.3%	50.8%	54.6%
10.5%	10.2%	12.7%	12.4%
260	254	250	224
130	127	125	122

処分所得をいう。実質値とはそれを昭和60（1985）
る

表9　相対的貧困率・子どもの貧困率の年次推移

調査実施年		1985年	1988年	1991年	1994年	1997年	2000年
相対的貧困率		12.0%	13.2%	13.5%	13.7%	14.6%	15.3%
子どもの貧困率		10.9%	12.9%	12.8%	12.1%	13.4%	14.5%
子どものいる現役世帯		10.3%	11.9%	11.7%	11.2%	12.2%	13.1%
	大人が一人	54.5%	51.4%	50.1%	53.2%	63.1%	58.2%
	二人以上	9.6%	11.1%	10.8%	10.2%	10.8%	11.5%
名目値（万円）							
	中央値（a）	216	227	270	289	297	274
	貧困線（a/2）	108	114	135	144	149	137

（出所）厚生労働省「平成26年国民生活基礎調査の概況」より作成
なお貧困率はOECDの作成基準に基づいて算出している。名目値とはその年の等価可
年を基準とした消費者物価指数（持家の帰属家賃を除く総合指数）で調整したものであ

の貧困」では、日本はOECD（経済協力開発機構）三五か国中、九番目に子どもの貧困率が高い国である。一人当たりのGDPが高い二〇か国中では、四番目に子どもの貧困率が高い国である。いま先進諸国の三五か国における「子どもの貧困」にカウントされる子どもの数は約三三六六万人だが、日本では三〇五万人を数えている。

表9にみるように、子どもの貧困率は、一九八五年の一〇・九%から二〇一二年には一六・三%に上昇、二七年間で「貧困率」が五・四%増加し、子どもの貧困率は約一・五倍となった。貧困ラインが低下しているもとで子どもの貧困率が上昇しているのである。この傾向は、現在の勤労者の勤労・所得状況をみると、さらに増加していく可能性が大きい。

わが国の子ども（一八歳未満）人口全体で二二二二万人（〇歳～一九歳）のうち一六・三%では、単純に計算しても三六二万人であり、これだけの層が

表10　所得の種類別にみた1世帯当たり平均所得金額及び構成割合（2013年）

	総所得	稼働所得	公的年金・恩給	財産所得	年金以外の社会保障給付金	仕送り・企業年金・個人年金・その他の所得
	1世帯当たり平均所得金額（単位：万円）					
全世帯	537.2	396.7	102.7	16.4	8.6	12.8
児童のいる世帯	673.2	603.0	29.1	11.5	23.2	6.3
母子世帯	243.4	179.0	7.6	1.7	49.3	5.8
	1世帯当たり平均所得金額の構成割合（単位：％）					
全世帯	100.0	73.8	19.1	3.1	1.6	2.4
児童のいる世帯	100.0	89.6	4.3	1.7	3.4	0.9
母子世帯	100.0	73.5	3.1	0.7	20.2	2.4

（出所）厚生労働省「平成25年国民生活基礎調査の概況」

「子どもの貧困」状態に置かれている。憲法二五条のある国で、あってはならない現実が広範囲に存在しているのである。

とくに子どもの貧困が集中しているのは、母子世帯である。母子世帯が中核を占める「ひとり親世帯」の貧困率は統計的には、一九八五年の五四・五％から二〇〇九年には五〇・八％に下がっている。しかし、九七年以降、勤労世帯の賃金所得総額が下がっていることや、勤労者の三六・七％（総務省「労働力調査」二〇一三年）が非正規雇用になり、国民全体の貧困ラインが下がっているなかで貧困率が低下しているということである。つまり、これまで貧困層に入っていた人たちが、国民全体の貧困ラインが下がることによって、貧困層から統計的に外れただけである。こうした統計上の仕組みであるにもかかわらず、貧困率が上昇していることに、子どもの貧困の深刻さがある。

また表10（一世帯当たり平均所得金額及び構成割合）にみるように、「児童のいる世帯」の稼働所得の比率が八九・六％、年金以外の社会保障給付金は三・四％にすぎないのが実際である。年間総所得が二四三・四万円の「母子世帯」でさえ、いわば社会保障による子育て応援率（世帯の所得総額に占める年金以外の社会保障給付の割合）は二〇・二％という現状である。税の控除と社会保障による所得の再分配政策が機能していない現実は明らかである。

二〇一四年一月の雇用統計では、一年間で非正規雇用が一三五万人増加して一九五六万人となっている。非正規雇用の人たちの多くが子どもを育て、またこれから子どもを持つ勤労者であることを踏まえると、日本は貧困の裾野が確実に広がってきている。

2 「子供の貧困対策大綱」の問題点

▼不可解な大綱

政府は二〇一四年八月二九日に「子供の貧困対策に関する大綱について」（以下、「大綱」と略記）を閣議決定した。「大綱」のサブタイトルは、「全ての子供たちが夢と希望を持って成長していける社会の実現を目指して」である。

大綱の第一の柱として「子供の貧困対策の意義」と「大綱の策定」に関して、「子供の将来がその生まれ育った環境によって左右されることのないよう、また、貧困が世代を超えて連鎖することのないよう、必要な環境整備と教育の機会均等を図る子供の貧困対策は極めて重要である。そうした子供の貧困対策の意義を踏まえ、全ての子供たちが夢と希望を持って成長していける社会の実現を目指し、子供の貧困対策を総合的に推進する」を掲げている。

大綱の第二の柱では「子供の貧困対策に関する基本的な方針」として、一〇項目が掲げられている。いくつかの項目を紹介しておくと、「1（略）、2 第一に子供に視点を置いて、切れ目のない施策の実施等に配慮する。3 子供の貧困の実態を踏まえて対策を推進する。4 子供の貧困に関する指標を設定し、その改善に向けて取り組む。5 教育の支援では、『学校』を子供の貧困対策のプラットフォームと位置付けて総合的に対策を推進するとともに、教育費負担の軽減を図る。6～10（略）」などが掲げられている。

まず大綱で違和感を持ったのは、「子ども」という用語が「子供」に統一されていることである。そもそも子どもの貧困対策法（「子どもの貧困対策の推進に関する法律」二〇一三年六月一九日成立）においても「子ども」が使用されていたのに、大綱では「子供」になっている不可解さがある。あえて「子供」を使った意味が不明である。

つぎに大綱の最大の問題点は、多くの団体・個人が要望し期待してきたことで、改善の目標数値を明示することが求められていたが、最終的には数値目標を設定することはなかった。大綱の

表 11　子どもの貧困法――日英の比較

比較項目	イギリス子どもの貧困根絶法	日本子どもの貧困対策法
成立年月日	2010 年 3 月 25 日	2013 年 6 月 26 日
国の責務	子どもの貧困根絶戦略の策定	子どもの貧困対策を総合的に策定し、及び実施する責務を有する
達成目標	相対的低所得（等価純世帯所得が中央値の 60％未満）のもとで暮らす子どもを 10％未満に ※数値目標の設定	「子どもの貧困率、生活保護世帯に属する子どもの高等学校等進学率等子どもの貧困に関する指標及び当該指標の改善に向けた施策」
担当委員会の設置	国務大臣のもとに「子どもの貧困委員会」の設置	内閣府に「子どもの貧困対策会議」
基本的な施策	根絶戦略の策定・実施・報告 地方自治体や諸団体の義務を明記、貧困のニーズ調査	都道府県子どもの貧困対策計画 子どもの教育・生活の支援、保護者の就労支援、調査研究
自治体の責務	地域の戦略の結合、削減のための協同、ニーズ調査	当該地域の状況に応じた施策を策定し、及び実施する責務
法律・とりくみの評価	子どもの貧困根絶に関する具体的な方策は明確ではない	大綱でどのように規定されるかにかかっているが、数値目標は示されず

（資料）浅井作成

柱として、「子供の貧困に関する指標」が具体的に示されているのに、その数値の改善目標が明示されることなく、総花的な課題列挙で終わってしまっている。子どもの貧困率一六・三％に関して、イギリスなどの子どもの貧困根絶法などを参考に一〇年で半減を目標値とすべきである（表11を参照）。

さらに大綱は「おおむね五年ごとを目途に見直しを検討する」ことが謳われているが、中間時点での積極的な見直しをすべきであろう。そのためにも見直しをする際の指標としても、明確な数値目標を設定すべきである。

現在のような大綱では、子どもの貧困の削減さえおぼつかないであろう。残念ながら、日本政府においては子どもの貧困を削減する本気度は高くはないことを実感せざるを得ない。

▼子どもの貧困対策の課題

これまで述べてきたことを踏まえて、「子どもの貧困」対策づくりでの課題を列挙しておく。

① 政府およびすべての地方自治体で子どもの貧困対策の目標と計画を策定し、子どもの貧困率の削減目標を明記すること。子どもの貧困の解消に向けて、子どもの貧困率を当面は「一〇年後の達成目標を八％（現在より半減させる）」、「二〇年後に根絶を目標」に据えること。

② 目標達成に向けた政府・地方自治体の施策実施の義務、施策の進捗状況に関して報告義務を明記すること。

③ 法律には子どもの定義がないため、支援対象が広がり、進学できる子どもが増えることが期待されている。法律で対象とする子どもの年齢については、〇歳から大学卒業程度までを網羅することが必要である。

④ 法律の見直し規定を明記すること。その期間は五年ではなく、二〜三年とすべきである。

⑤ 子どもの貧困の定義と貧困を測る指標を策定すること。とくに相対的貧困と絶対的貧困、一時的貧困と慢性的貧困、所得貧困と潜在能力の欠如などの指標に即して検討がされるべきである。

⑥　子どもの貧困調査を実施すること。独自の調査を継続的に実施し、相対的貧困率と剝奪指標の組み合わせ等、「貧困」の実態を総合的に把握すること（相対的貧困ラインが低下していることを踏まえた調査をすること）。
⑦　財政上の措置と責任主体を明記すること。
⑧　これらの諸課題に立ち向かうために、責任省庁を明確にし、政府・自治体に必要な委員会を恒常的に設置すること。

これらの諸点は「子どもの貧困」に本気で立ち向かおうと考えれば、必然的に抽出される課題である。その意味で国の決意のなさが浮き彫りになっている現状があるといわなければならない。

3　子どもの貧困対策の「四つの処方箋」

▼子どもの貧困の構造

図４をもとに説明することを通して、子どもの貧困の発生する社会的背景と構造について確認をしておきたい。

図4　子どもの貧困としての児童養護問題の構造

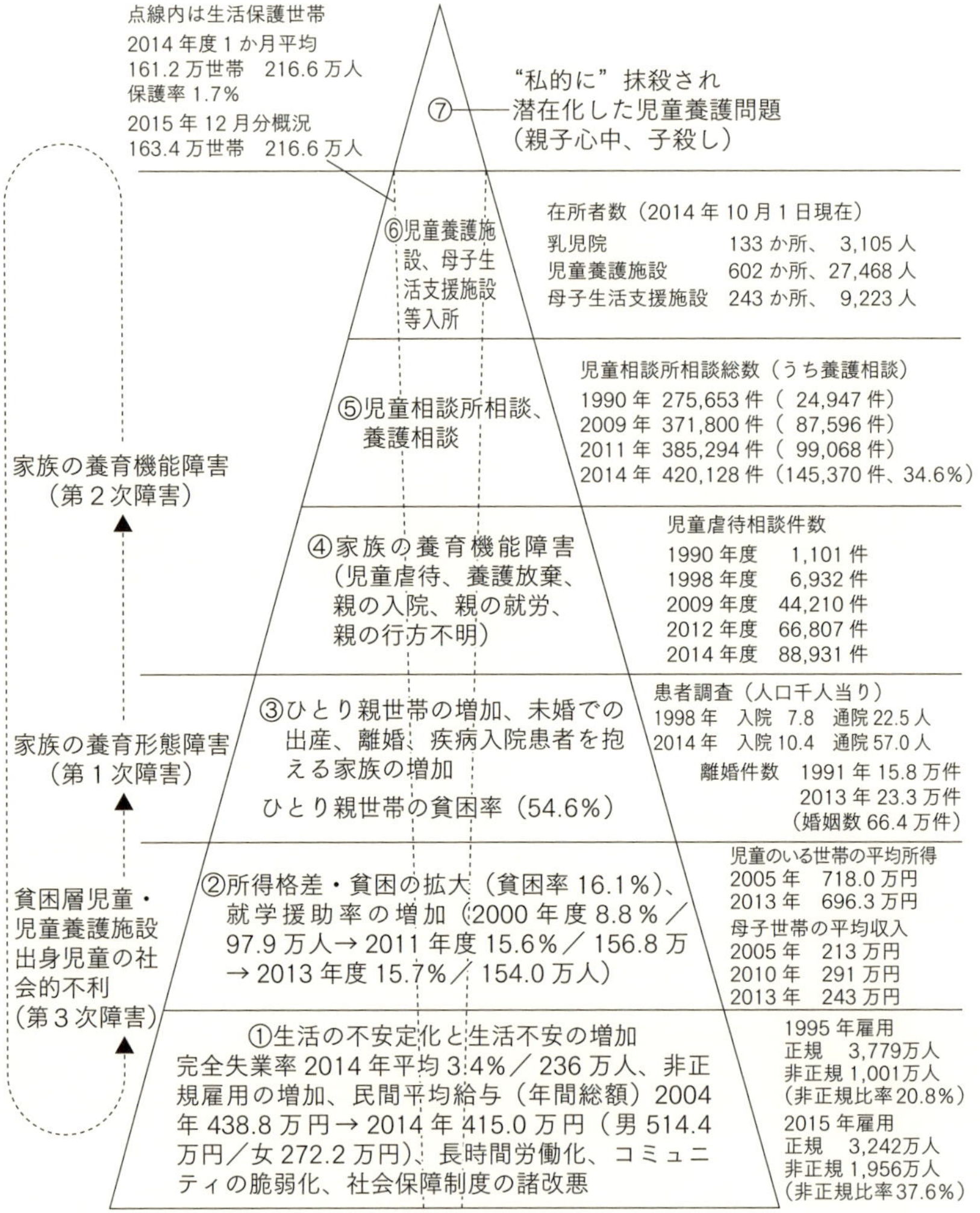

（資料）浅井作成
（参考資料）厚生労働省編『平成 27 年版厚生労働白書』日経印刷、2015 年
厚生労働省　国民生活基礎調査、労働力調査　ほか
内閣府編『少子化社会対策白書〈平成 27 年版〉』日経印刷、2015 年

子どもの貧困の社会的背景に関して、最下層の「①生活の不安定化と生活不安の増加」が新自由主義政策とりわけアベノミクスのなかで、そのすそ野が拡大している。総務省の労働力調査(二〇一六年一月分)では、完全失業率三・二%、二一一万人となっており、正規の職員・従業員三三二九万人、パート・アルバイト・契約社員などの非正規二〇三七万人となっている。加えて社会保障の連続改悪なども子育て家庭を直撃している現実がある。

そのうえに「②所得格差・貧困拡大」の現実があり、就学援助の増加を必然のものにしている。二〇一三年度では全国の受給対象児童数は一五四万人、援助率一五・六八%となっている。一五年前の一九九八年の八三万人、七・一五%からみると、約二倍の数値となっている。子どもの貧困は、子育て世帯の貧困問題であり、そのもとで暮らしている子どもの困難な状況を意味している。

子どもの貧困の実態は、「③ひとり親世帯、未婚のシングル世帯、疾病入院患者を抱える家族」などの層が占めている。さらに障がい者世帯(山田篤裕・慶応大教授らの研究グループの調査結果、「東京新聞」二〇一六年三月四日付)においても、二〇歳~三九歳の子育て世代でみれば、二八・八%で同世代の貧困率の二倍となっている。①~③の層でみれば、この二〇年間は明らかに貧困を拡大しているのである。

④家族の養育機能障害(主には保護者による子育て機能が十全に機能していない状況)が児童虐待などの現実として表れている。そうした現実の中から⑤「児童相談所への相談」が行われ、貧

困・養育問題に関しては「養護相談」として行われる。その中から⑥「施設への入所措置」などが行われるのである。その点で児童養護施設・乳児院は貧困問題が集約された場であるといえる。さらに施設入所などの権利が保障されないまま、子どもの貧困と養育機能障害が放置される。その結果として、見えない子どもの貧困、養護問題としての「⑦〝私的に抹殺され潜在化した〟児童養護問題（親子心中、子殺し）となって社会問題化することになる。本来であれば、家族や社会的養護のもとで子ども期を生きていることができた子どもたちである。

家族の貧困は、子どもの貧困として現われ、それは究極的にはいのちの剝奪として、わが国においても具体化されるのである。

「子どもの貧困」とは「生存し、成長し、成功するために必要な物質的、精神的、情緒的な資源が奪われていて、そのために、自らの権利を享受し、持てる能力を発揮し、社会の完全で平等な構成員として社会参加」することができない状態であり、「将来の展望の欠如、教育や励ましの欠如、時間や愛情やケアの欠如」[1]など、子どもの発達基盤とライフチャンスが剝奪されている状況をいうのである。

▼四つの処方箋

子どもの貧困対策には四つの処方箋が必要である（図5）。

第一の処方箋は「食の保障」である。衣食住のなかでも、とくに子どもにとって発達の原動力である健康で文化的な食生活を保障することは、優先すべき基本的課題である。

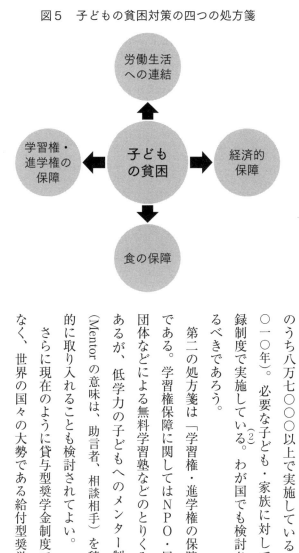

学校のなかで養護教諭や担任の先生たちが自分でおにぎりをつくってきて、食べさせている現実がある。朝食も食べていない子は夕食だってまともなものを食べていない。こうした現実に対して、英国では「朝食クラブ」（登録した家庭の子どもが給食として朝食をとることができる学校内の支援システム）のある小学校四六％、中学校六二％（二〇〇七年）、アメリカでは一二・五万校のうち八万七〇〇〇以上で実施している（二〇一〇年）。必要な子ども・家族に対して登録制度で実施している。[2] わが国でも検討されるべきであろう。

図５　子どもの貧困対策の四つの処方箋

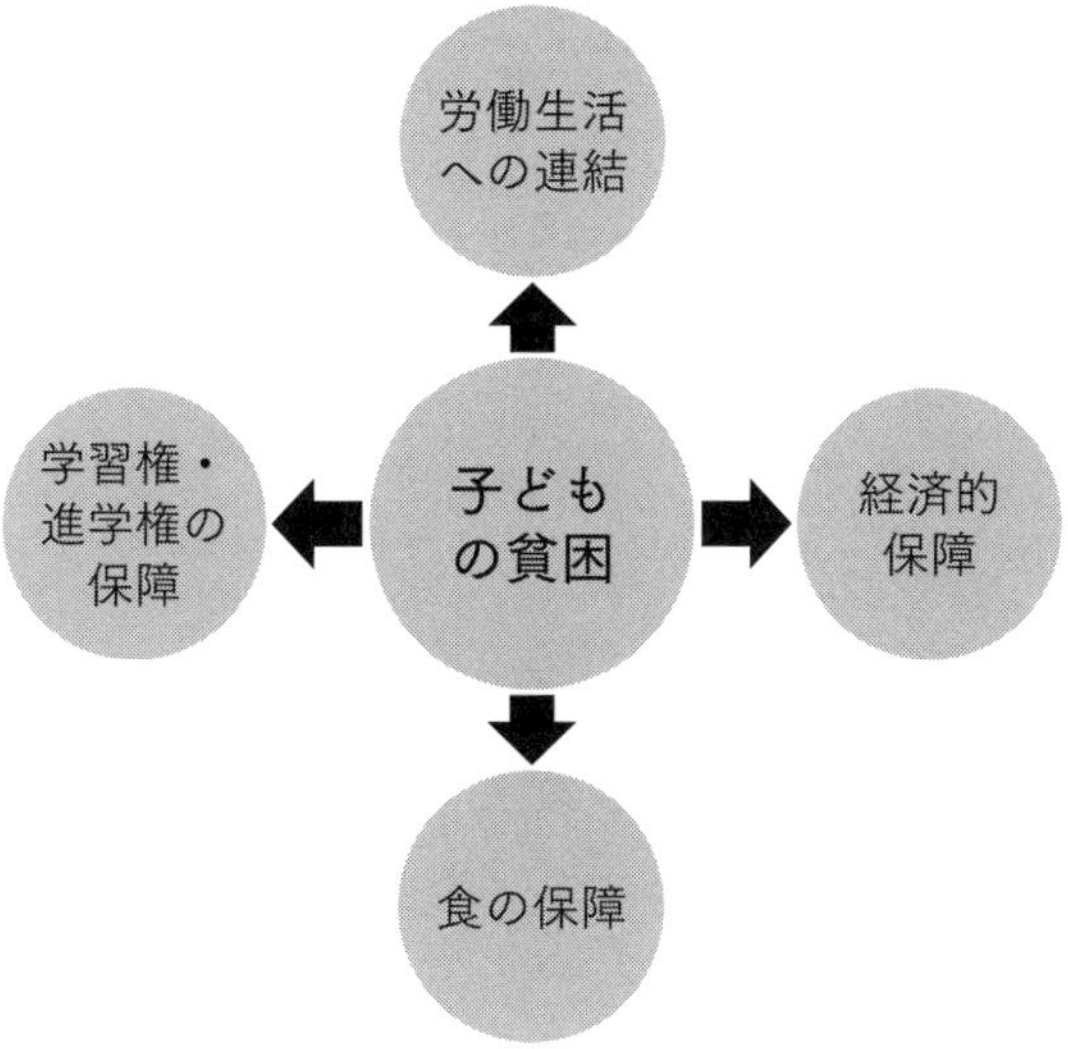

第二の処方箋は「学習権・進学権の保障」である。学習権保障に関してはＮＰＯ・民間団体などによる無料学習塾などのとりくみがあるが、低学力の子どもへのメンター制度（Mentor の意味は、助言者、相談相手）を積極的に取り入れることも検討されてよい。

さらに現在のように貸与型奨学金制度ではなく、世界の国々の大勢である給付型奨学金制度を本格的に整備する必要がある。貧困の問題は、基本的には経済的問題であり、保護者の経済的基盤が子どもの生活と将来展望を規定しているといってよい。

「進学権の保障」では、高校進学という課題だけが重点政策ではなくて、大学等への進学をどう保障していくのかが今問われている。

二〇一四年では全日制高校進学率が九六・五％（通信制を含めると高校進学率九八・四％、就職率〇・四％＝二〇一三年度）に到達している現状での課題は、①残りの数％の中学生の進学支援であり、②高校等の中退問題への対応と再チャレンジの保障、さらに③二〇一四年度入学では五六・七％となっている大学等（大学学部・短期大学本科入学者）の進学を本格的に保障することが課題となっている。そのためには国・自治体が給付型奨学金を拡充し、各大学においても独自の奨学金制度を創設・拡充していくことが求められている。

第三の処方箋として、「経済的保障」がある。子どもの貧困対策には大きく分けて現金給付と現物（サービス）給付の二つの柱がある。現金給付の重要な柱として、児童手当、児童扶養手当などがあり、その額が低額で貧困克服には程遠い状況にある。基本的な現金給付の引き上げ水準は、貧困家庭の所得の四分の一を増加させることが貧困脱出にとって有効であることがアメリカの研究報告で指摘されている。その他、税金の減免制度および給付付き減税制度なども検討されてよかろう。

そして、第四の処方箋は「労働生活への連結」の施策があげられる。大学や高校を卒業する課題とともに、労働生活との連結をどう保障していくのかが問われている。二〇一五年平均、一四歳～二四歳の若年労働者層では、実際にはほぼ五〇％（男性四五・七％、女性五二・三％）が非正規雇用という状況になっている。

したがって、こういう四つの処方箋をどう具体化していくのかということが行政施策として問われているのである。

４　「経済的徴兵制」の本質

▼アメリカの経済的徴兵制（economic draft / economic conscription）の実際

人口三億人超に対し一三七万人という膨大な人数の軍隊を抱えるアメリカにおいて、その軍人たちはリクルート活動によって集められる。陸軍のリクルーターは「大学にタダで行けますよ。入隊し、教育を受けて、さらに国に貢献することができます」とアピールする。米軍リクルーターが、中間・貧困層の若者に向けて「売り」にしている四点セットは「大学、お金、旅、愛国心が手に入る」である。学費が年間数万ドルかかる大学に行けるという見返りこそが入隊を希望する最大の理由である。しかし除隊したら、その後に非軍人生活に復帰することは並大抵ではない。

ＰＴＳＤによる不安、寂しさ、無気力、睡眠時無呼吸症候群などの症状を抱えることになり、「サバイバルモード」からなかなか抜け出せない現実の暮らしが待っている。(3)

アメリカで徴兵制から志願制に移行したのは、国民的な反対運動が盛り上がったベトナム戦争から米軍が撤退した一九七三年のことである。その後、フランスは一九九六年に徴兵制を廃止し志願制に、イタリア、ドイツは二〇〇〇年以降に相次いで志願制になっている。徴兵制の廃止は世界的流れとなっている。

ただし、こうした兵士の確保方法の変更は、けっして非戦・平和への道へとつながっているわけではない。むしろ効率的な軍隊への改編が進行している面が大きい。

第二次世界大戦の時期はまさに直接的に多数の兵士を投入する人海戦術がとられてきたが、現在においては長距離ミサイルや無人機の活用、傭兵システム＝戦争の民営化、戦闘のテクノ化が進められたことで、戦争のあり方そのものが大きく変わってきた。その点では軍事兵器とその周辺機器の販売による戦争ビジネスが飛躍的に拡大してきたのである。

経済的徴兵制とは、経済格差を社会的背景にして徴兵制と同じように軍人を安定的に確保しようとする徴兵システムである。

一方で現在、徴兵制を採用している国は、スイス、韓国、北朝鮮、イスラエル、イランなど五〇か国以上にのぼっている。

▼経済的徴兵制の可能性

経済的徴兵制とは、外形的には個人の志願と選択に基づいたシステムであるようにみえる。国家による強制的な徴兵制とちがって、志願制の柱となっている経済的徴兵制は、まさに自己責任論に支えられたシステムであるということになろう。除隊後のさまざまな身体的精神的困難と生活のハンディは自らが背負うことになる。除隊後の精神保健や社会保障・社会福祉によるケアは極めて乏しいのが実際である。

それにもかかわらず「経済的徴兵制」は、自らの人生を打開し、自己肯定感・観を高揚させる〝希望〟としての側面を持っている。それはかすかな希望でもあり、起死回生の希望という側面を持っている。

図6にみるように、「経済的貧困」はお金のない状況が生活を覆っていることをいう。その柱は、①必需品の不足、②教育費の貧困、③経験の貧困状況という三つの内容で構成されている。その基礎構造のうえに「貧困の文化」があだ花として開いており、それは①貧困の文化、②個の否定としてのジェンダー文化、③あきらめの文化によって形成されているといえよう。そうした生活実態のもとに、「発達の貧困」が各人の発達の特徴を形成することになる。

そうした現状に対して、「経済的徴兵制」は貧困層の若者にとって人生の転換を図る希望としての側面を持っている。現状のままの人生をすすめば、貧困の再生産サイクルに飲み込まれてし

図6　子ども・若者の貧困の土台と変容

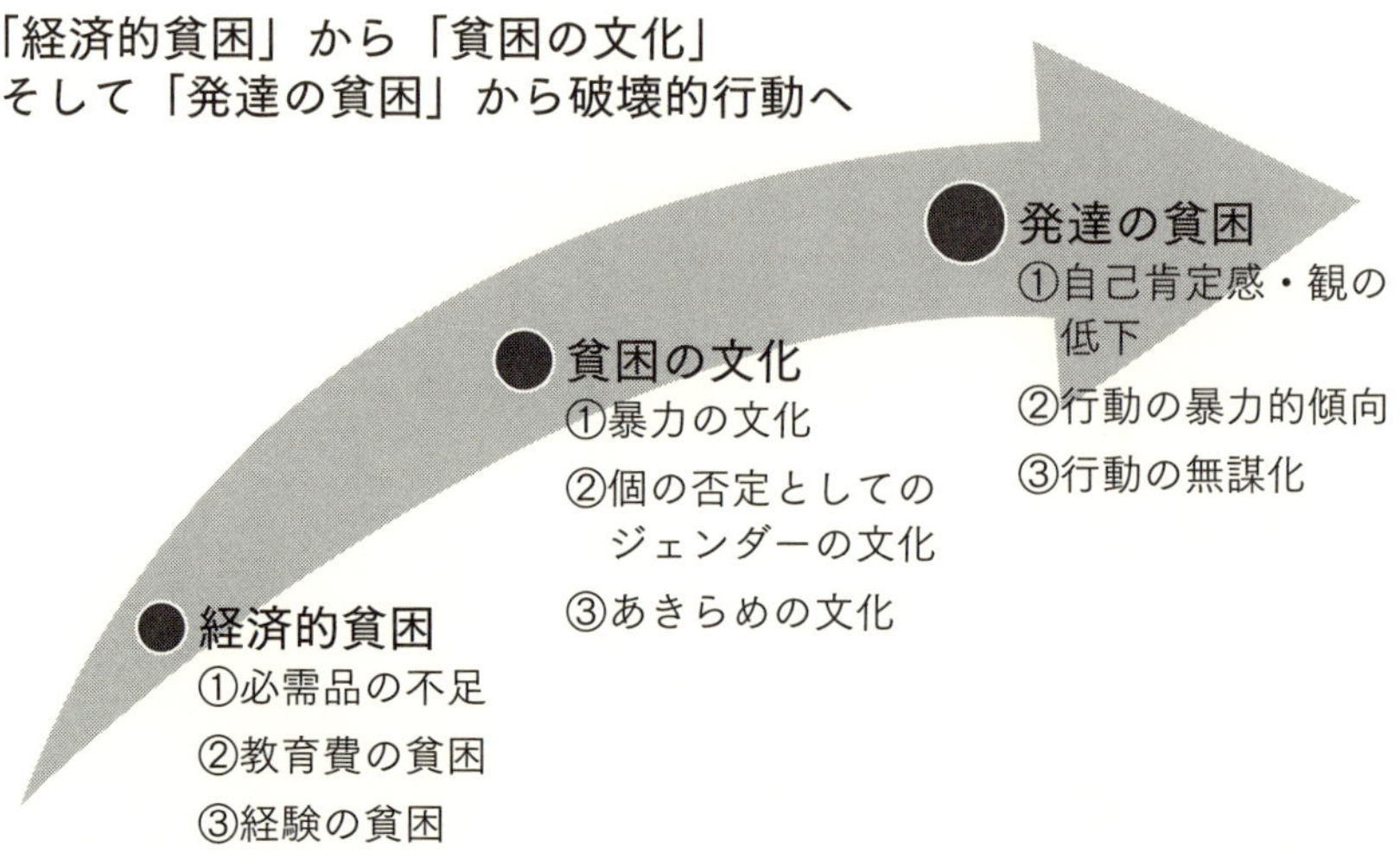

まう坩堝《るつぼ》から脱出する手段として機能する可能性がある。あえていえば、子ども・若者の貧困構造が放置されていることが、経済的徴兵制が機能する社会的基盤となっているのである。

貧困の拡大と深刻化という社会的背景のもとで、日本で経済的徴兵制（経済的な誘導による徴兵）が具体化される可能性を列挙すれば、以下の点があげられよう。

まず前提的条件として、子ども・若者の貧困が広がり、若者の失業率および非正規雇用率が高い水準にあることがあげられる。ちなみに若者の失業率は一五歳〜一九歳では六・二％、二〇歳〜二四歳六・三％であり、「正規の職員・従業員」以外の雇用者比率（二〇一四年）でみると、一五歳〜二四歳（在学者を除く）で三〇・八％となっている。

①　入隊による高校までの授業料免除などの優遇策をとれば、軍隊（自衛隊）志願者を増加させていくことができる。
②　除隊後の大学進学費用を支給する高卒者向けの制度を拡充する。
③　医師や看護師への道を、例えば日本においては防衛医科大学校（自衛官候補医学科・看護学科）、防衛大学校（自衛官に任官され、幹部候補生学校に入学）などへ進学をリクルートする方策を用意する。大学（校）側が学費を負担する目的別医科大学（校）の一つである。入学した学生は定員外の防衛省職員・自衛隊員（特別職国家公務員）となり、大学校の入学金と授業料は無料で、医学科と看護学科自衛官コースの場合、毎月の学生手当（給与）と年二回の賞与（二〇一六年四月時点の初任給は月額一〇万九四〇〇円）、および被服が支給される。[4]
④　奨学金返済未納者に対するペナルティとして、自衛隊などでインターンシップを体験させる。

これらの施策が具体的に考えることができよう。日本学生支援機構は、給付制奨学金制度をほとんどなくし、貸与制に転換しており、経済的徴兵制の外堀は埋められつつあるといえよう。

自衛隊の定員は陸、海、空合計で二四万七一六〇人となっているが、実人員は約二二万六七四二人（二〇一五年三月末現在）で、定員充足率は九一・七％である。[5]少子化による若年層の人口の減少の影響もあり、人材確保は深刻な課題となっている。特に若手が担う下位階級の二士、一士、士長は定員の七四％しか確保できていないのが実状である。

防衛医大は、幹部候補を養成する防衛大学校と同じく学費は無料、入学後は公務員となり給与も出る。ただし卒業後九年間は自衛隊に勤務する義務があり、その間に退職する場合は勤務期間に応じて学費返還（最高で約四六〇〇万円）を求められる。(6)

▼徴兵制・志願制・軍隊を保有しない国

表12にみるように、平時における兵士の徴募に関して分類すると、①徴兵制を採る国、②徴兵

平時における徴兵制の国
ロシア（徴兵制・志願制）
中国（徴兵制。2年間）
韓国（徴兵制。陸・海・空軍21か月～24か月間）
北朝鮮（陸軍5年～12年間）
台湾（1年間。志願制を検討中）
タイ（2年間。くじ引きで選抜）
エストニア（19歳～27歳男子。8か月間）
オーストリア（17歳～50歳男子。6か月間）
キプロス（18歳～50歳男子。25か月間）
ギリシャ（19歳～45歳男子。原則1年間）
デンマーク（18歳～30歳男子。4か月間を基本に、延長は可）
ノルウェー（1年間。女性にも徴兵義務が課せられる唯一の国）
ドイツ（18歳以上の男子。9か月間）
フィンランド（18歳～60歳男子。9か月間）
スイス（20歳～30歳男子。10年間に3週間の訓練を5～7回受ける）
イスラエル、シンガポール、モンゴル、ベトナム、エジプト
※欧州では21世紀に入り、17か国が徴兵制の廃止あるいは中止に転換している

8C%81-%E6%AC%A7%E5%B7%9E%E3%81%A7

表 12　徴兵制・志願制を採る国、軍隊を持たない国

軍隊を持たない国（国連加盟国中 26 か国）	平時における兵役義務のない国＝志願制の国
アイスランド共和国（徴兵制を課したことは歴史的に一度もない。軍隊は保有していないが、NATO に加盟） **コスタリカ**（憲法では「恒久的制度としての軍隊を廃止」と常備軍の廃止を規定している「非武装永世中立国」である。しかし有事には徴兵制によって軍を組織することができる。国内問題には警察力で対応するのが基本である） **リヒテンシュタイン**（コスト面から 1868 年に軍を解体。世界最初の非武装憲法を制定） **アンドラ公国**（1278 年以来、一度も軍隊を持ったことがない） **ミクロネシア連邦**（史上初の非核憲法の制定） **パラオ共和国**（非核憲法を持つが、国防の権限は米国が持つ） **ソロモン諸島** **ヴァヌアツ共和国** **ハイチ** **ドミニカ国** **グレナダ** **パナマ共和国** **ルクセンブルク** **ヴァチカン市国** **モナコ公国、サモワ独立国、マーシャル諸島**など（これらの小国は、特定の国家に防衛を依存する国が多い） **日本**（自衛隊は実態的には軍隊機能を保持しており、志願制を採っている）	**アメリカ**（アメリカでは 1973 年に徴兵制は廃止され、志願制に移行。しかし厳密には「選抜徴兵制」＝徴兵登録制度 Selective Servise System (SSS)（選抜徴兵局／義務兵役サービス）があり、18 歳～ 26 歳のアメリカ市民、永住権保持者、米国に不法滞在している全ての男性に課された義務となっている。 **イギリス**（徴兵制を 1960 年に廃止。以下カッコ内は同じ） **イタリア**（2004 年） **オランダ**（1997 年） **スペイン**（2001 年） **スロバキア**（2006 年） **チェコ**（2004 年） **ハンガリー**（2004 年） **ブルガリア**（2007 年） **ポルトガル**（2004 年） **リトアニア**（2008 年） **ルーマニア**（2006 年） **ポーランド**（2009 年） **フランス**（2001 年） **ベルギー**（1995 年） **スウェーデン**（2010年。武装中立方針の国） **インド、カナダ、オランダ、サウジアラビア、パキスタン、ヨルダン、ニュージーランド、オーストラリア、バングラデシュ、アルゼンチン、ニカラグア**など

（資料）浅井作成
（参考資料）
- EU 各国（27 か国）における兵役義務・非軍事的代替役務義務（中山太郎事務所作成）
  http://www.yoakenonippon.com/pdf/study_eu_heiekigimu.pdf
- 公益財団法人矢野恒太記念館編『世界国勢図会　2015/16 年版』（同、2015 年、473 ページ）
- スイス便利ノート
  http://www.swissinfo.ch/jpn/%E5%BE%B4%E5%85%B5%E5%88%B6%E6%94%AF%E6%%E5%BC%B1%E3%81%BE%E3%82%8B/34751736
- 前田朗『軍隊のない国――27 の国々と人びと』（日本評論社、2008 年）

制を廃止して志願制を採る国、③軍隊そのものを保有しない国と三区分となる。

ヨーロッパでは、二〇〇〇年以降、一七か国で徴兵制が廃止もしくは中止となっている。欧州連合（ＥＵ）加盟国で、強制的徴兵制を現在継続している国は、六か国となっており、軍隊を所有する欧州全四三か国の中では、三分の二近くが職業軍人によって軍隊が構成されている現状がある。こうした傾向は、兵器の高度化・ハイテク化とともに軍人養成のトレーニングをすることの非効率性の問題が大きく影響している。

ヨーロッパを中心にした志願制への移行の動向は、戦争の民営化とも深くかかわっている。戦争の民営化は、傭兵の活用とともに民間軍事会社による戦闘の下請けという二つの柱がある。民間軍事会社は継続的な法人として存在し、安定的に兵士を補給でき、戦争をはじめやすくなると考えられている。「民間の軍の存在が、軍事行動を起こすうえでのハードルを低くした」(7)のである。

戦争の民営化＝傭兵の活用の広がりという現実も大きく影響している。「軍人を確保する第三の道があって、一九九〇年代末以来これが拡大している――民営化」である。「軍事事務の民営化は、通称民間軍事会社（ＰＭＣ）または民営軍（ＰＭＦ）と呼ばれる。ＰＭＣは要するに、各種の軍事サービスを提供する民間企業」で「非戦闘業務」が中心である。その中には「基地の建設および警備、戦場の物流／兵站《へいたん》、ボスニアやイラクなどでの現地軍訓練、情報収集、戦略分析」から「郵便配達、調理、部隊向けエンターテイメント手配まで含まれる」(8)のである。軍事サービスのあらゆる分野がさまざまな形で民営化されており、ＰＭＣ産業はすさまじい成長を遂げている。

「非戦闘業務」として説明されているが、「基地の建設及び警備、戦場の物流／兵站」などは、戦闘業務と一体的関係にある業務であり、これらの業務なしには戦闘は継続できないものである。たとえば「兵站（Military logistics）」とは、軍事装備の調達、補給、整備、修理および人員・装備の輸送、展開、管理運用についての総合的な軍事業務のことをいうのであり、まさに戦闘行動の重要な構成要素である。兵站なくして、戦闘は成り立たないのである。

「安全保障関連法」に関する先の国会等での論議では、兵站を「後方支援」と言い換えて政府は説明してきたが、軍事学的にも国際紛争をめぐる常識的にも兵站は戦闘・武力行使と一体不可分の軍事業務である。

さらに戦争の民営化は、〝武器ビジネス〟の拡大をともなってグローバルに展開されている。「死の商人」の現代版が闊歩している現実がある。

武器輸出国であり、兵器大国であるアメリカにおいて国防総省予算（二〇一三年度）は七〇〇〇億ドルという記録的な金額に至っている。(9) 武器ビジネスは、オバマ大統領も認めているように、国民によって軍需産業と政府（国防省）の契約内容の監視はほとんどできないでおり、悲惨な状況である。(10)

▼軍隊を持たない国——世界に二八か国

軍隊を持たなければ、徴兵制も志願制もかかわりなく、徴兵システムと兵士の養成という戦争体制の基盤形成は課題とならないことになる。そうした点から、軍隊をもたない国を簡単に紹介しておくことにする。

軍隊を持たない国は、国連加盟国が現在一九三か国あるなかで二六か国を数えている。未加盟国を含めると二八か国となっている。

ただし軍隊を持たない国の内実はさまざまであり、警察や治安組織が重装備であったり、米軍との合同軍事演習をしていたり、武装解除された結果、軍隊がないということもある。ここでは持つ国・持たない国という単純な分け方で整理したものであり、今後、さらに各国の歴史と現実を踏まえて分析する必要がある。

軍隊のない理由について、①もともとあるいは長い期間、軍隊を持っていない国（アンドラ、サンマリノ、モナコ、ルクセンブルク、アイスランド、ヴァチカン市国）、②軍隊が国民を殺害したことが要因で軍隊を廃止した国（コスタリカ、ドミニカ国、ハイチ）、③外国軍によって占領され、軍隊が解体された国（グレナダ、パナマ）、④集団安全保障体制を結んだ国（ドミニカ国、グレナダ、セントルシアなど）、⑤外国との自由連合協定下にある国（ミクロネシア連邦、パラオ、マーシャル諸島共和国）などがあげられる。[11]

世界の国の数は一九六か国、国連加盟国は一九三か国となっている（二〇一五年現在）。一九六か国中の軍隊を持たない国は二八か国として、世界の国々のうち一四・三％が軍隊を持たない国となっている。

国家は軍隊を持つのが必然のように考えられている向きもあるが、それぞれの歴史的背景のちがいがあっても、このような国々が厳然と存在していることに注目しておきたい。

現在の状況に至る過程をみると、第二次世界大戦以前に軍隊を保持していなかった国は、七か国である。一九六〇年代までに軍隊を持たなくなった国は、コスタリカ（一九四八年軍隊の廃止）、サモア（一九六二年）など六か国、七〇年代までに持たなくなった国は六か国、八〇年代では六か国、一九九〇年代に入ってパラオ、パナマ、ハイチ（一九九五年）など三か国となっている。世界で二八か国となっている。

このように書くと、その多くは小国であるので日本においては参考にならないという意見が出されるであろう。これらの国の人口をみれば、ハイチ（人口一〇四六万人）のみが人口一千万台の国で、コスタリカ（三八四万人）、パナマ（三二七万人）、モーリシャス（一二四万人）の三か国が人口百万台の国で、十万台の国は八か国（人口一一万人〜四二万人）、それ以外の一五の国々（八六〇人〜九・四万人）という割合となっている。

確かに小国が多数を占めているが、こうした軍隊のない国が増えていることに世界の流れがあることを見ておくことが必要であろう。(12)

その他に、非武装永世中立の国（コスタリカ）、非核憲法を持つ国（ミクロネシア憲法では核兵器だけでなく、原発も禁止されている）などの国もある。

ちなみに日本は軍隊のある国かと問われると、憲法上は「陸海空軍その他の戦力は、これを保持しない」（憲法九条二項）と明記しているにもかかわらず、「自衛隊」（Japan Self-Defense Forces）という名称ではあるが、実質的な軍隊を保有する国となっている。

一九五〇年の警察予備隊の発足、五二年に保安隊（現在の陸上自衛隊）、一九五四年六月に自衛隊法と防衛庁設置法（いわゆる「防衛二法」）が公布され、同年七月一日より施行された。自衛隊法により、自衛隊の主な任務は「わが国の平和と独立を守り、国の安全を保つため、直接侵略及び間接侵略に対しわが国を防衛すること」と定められている。

しかし憲法と軍隊保有の実際が乖離《かいり》している状況に関して、戦後の歴代政権は個別的自衛権を合憲とするギリギリの解釈改憲をしてきたのだが、安倍政権は「集団的自衛権の行使容認」の閣議決定と「安全保障関連法」（「国際平和支援法」と自衛隊法改正など一〇本の法律の改正）を強引に成立させてきた。まさに安倍政治は、憲法解釈で実質的な改憲を行なうという立憲主義と民主主義を踏みにじる政治のあり方であった。

さらに現在においては、明文改憲への道をひた走ろうとしている。

まとめにかえて——「戦争は常に権力から遠い人間から死んでいく」

この間の国会および研究者の論議などを通して誰が戦争をはじめ、誰が戦場に行き、誰がどこまで責任をとるのかについて、「安全保障関連法」はきわめて無責任な法、まさに積極的戦争推進法でしかないことが明らかになった。

あらためて言うまでもないが、他国同士の（特にアメリカの引き起こす）戦争に参戦する「集団的自衛権の行使」を、憲法の解釈を変えることを通して法的に可能とするのが「安全保障関連法」の本質である。

戦争が起こればまず最前線に立つのは自衛隊員である。自衛隊員は入隊前の暮らしでみれば、権力からもっとも遠いところにいる、貧困層の人々が少なくない。戦前の日本の侵略戦争においてもそうであったし、今後に想定される「経済的徴兵制」のしくみも同様に貧困層から調達されるしくみである。「戦争は常に権力から遠い人間から死んでいく」のである。貧困者が最前線に赴くことになる。

権力層の中枢、政治家、富裕層などは戦地に赴くことはないし、〝後方支援〟にさえも関わることはない。安全な場所で、戦争をはじめ、戦況を眺め、戦争を指示するのである。そして戦争と犠牲者への責任をとることはない。

戦争の犠牲者へのケア・援助・治療をするのは、福祉・医療・教育などに携わる専門職である。福祉領域が〝戦争の後始末〟としての役割を担うことは断固として拒否するものである。そうした歴史を繰り返させてはならない。

【註】

1 ユニセフ『豊かな社会における子どもの貧困（Child Poverty in Rich Countries 2005)』、一〇ページ。

2 『地域は子どもの貧困・社会排除にどう向かい合うのか　あらかわシステム——子どもの貧困・社会排除問題研究プロジェクト最終報告書』（荒川区自治総合研究所、二〇一一年）、七四ページ。

3 『ＡＥＲＡ』（二〇一五年九月一四日号）、五六〜五八ページ。

4 自衛官募集ホームページ（http://www.mod.go.jp/gsdf/jieikanbosyu/recruit/04.html）「防衛医科大学校医学科学生」の項を参照（二〇一六年二月一八日閲覧）。

5 防衛省編『平成二七年度版　防衛白書——日本の防衛』（防衛省、二〇一五年）、三七七ページ。

6 「狙われる？　貧困層の若者『経済的徴兵制』への懸念」「毎日新聞」（二〇一五年七月二三日付朝刊）。

7 ソロモン・ヒューズ／松本剛史訳『対テロ戦争株式会社——「不安の政治」から営利をむさぼる企業』（河出書房新社、二〇〇八年）、一五三ページ。

8 ポール・ポースト／山形浩生訳『戦争の経済学』（バジリコ、二〇〇七年）、一九九ページ。
9 アンドルー・ファインスタイン／村上和久訳『武器ビジネス――マネーと戦争の最前線（下）』（原書房、二〇一五年）、「訳者あとがき」四四〇ページ。
10 同右、一五九ページ。
11 前田朗『軍隊のない国家――27の国々と人びと』（日本評論社、二〇〇八年）、二四四～二四六ページ。本書ではハイチを割愛しているが、同国は一九九五年に国防軍を廃止している。
12 同右、二四九～二五〇ページ。

第7章　戦争文化としての男ジェンダーと戦争をしない男性形成の課題

はじめに――なぜ戦争とジェンダーを問うのか

いま戦争をする国に必要な思想的基盤は、男イデオロギーであり、男性形成の社会的仕組みが必要になっている。男イデオロギーとは、①女性よりも強い存在として優位性・能動性・攻撃性を持っていること、②その延長線上に男の中でも先頭に立って指導力があり、牽引力があることが求められ、③男女の特性論を前提にした男性性の強調される社会のなかでは、多様なセクシュアリティは認められず、とくに〝男性の出来損ない〟としてのゲイは、排除・攻撃・否定の対象でしかないという特徴がある。男性であるためには、男を性的対象とする存在ではないことを、ゲイ・バッシングに同調することを通して存在証明し、男性支配社会のなかで男としての位置を確保するのである。

「男らしさとは、男たちが偶然集まって、男らしいと感じるものの概念規定をするというような、男たちがたまたま男らしいと感じたことを自由に定義する行為ではないということである。男らしさというものは、むしろ何層もの制度の力学がおよぼす価値、行動様式、目標などの伝統的・社会的な規定である。家族、学校、仕事、軍隊、教会、マスメディア、スポーツといった制度。個々の男はこの社会規定に結びつけられている(1)」。「男らしさ」は社会的につくられてきたイデオロギーであり、男たちが関わる社会システムから注入されることで男たちがつくられてきた。

同性カップルを結婚に相当する関係と認め、「パートナー」として証明書を発行する東京都渋谷区の条例(2)が区議会本会議で賛成多数で可決、成立し、二〇一五年四月一日に施行された。渋谷区の例にみるように、いま両性の平等と性の多様性が社会的に承認される大きなうねりがある一方、依然として男らしさを強調する動きが少なくない。

たとえば日本会議の「活動方針」では「夫婦別姓を導入する民法改正案や男らしさや女らしさを否定する男女共同参画条例が各県で制定され、子供や家庭を巡る環境がますます悪化しています」という現状認識を示している。そのうえで日本会議が「目指すもの」では「国なくして私たちの生活も基本的人権も守ることはできません。私たち国民は、他国に平和と安全を依存してきた『一国平和主義』の幻想から目覚めて、まず自らの手で自らの国を守る気概を養わなければなりません。国のため尊い命を捧げられた戦没者の追悼も、忘れてはなりません」としている。

いま男たちは、その心とからだが分裂しそうになる時代状況のなかにいる。そうした「男らしさ」のゆらぎの現実は、新たな男性の創出への黎明期ともなりうるし、その反対に「男らしさ」の再編成が行なわれる可能性もあるといえる。「男らしさ」のゆらぎは、苦悩し生き方を模索する男を生み出し、また混乱しその歩みに逡巡する男たちをも生み出している現状がある。

こうした時代状況のもとで、男性がどのような社会システムのなかでつくられてきたのか、またつくられているのかを解明していくことによって新たな男の生き方を考えてみたい。

1 「男らしさ」の現在――男たちはどこへ行くのか

「女性には負けられない」「男はみんなの先頭に立たなくてはいけない」「リーダーシップがとれないような男は男ではない」などの男性優位の強者志向をもたされることによって、女性や人とのかかわり方に優しさを欠いている現実がある。そのことで真の共生の楽しさを味わうことができていないのが現状である。また男のなかでの競争に勝ち残ることが「男の中の男」であるという闘争社会の現実は、多くの〝敗者〟を必然的に生み出すことになっている。

少数の〝勝者〟に対して、多数の〝敗者〟を生み出していることは、自殺者の統計（厚生労働省人口動態統計月報年計の概況）にみることができる。二〇一四年では、自殺者は年間で二万五四二七人を数えており、男性の自殺者は、女性の約二倍になっている。男性では働き盛りの二〇代と三〇代の死因で「自殺」がトップとなっている。四〇代では前半でトップ、後半でガンについで二番目である。二〇一四年に自殺した二五歳～四九歳の男性は六三四二人で、女性の二四四四人の二・六倍。働き盛りの男性の自殺の原因・動機は、借金や中小企業の倒産、不況やリストラによる雇用不安、過労自殺、精神疾患などとなっている。働き盛りの夫の自殺の予兆を家族ですらわからなかったという現実は、自らの悩みを悟られまいとする「男らしさ」がこうした悲劇を生んでいるといえよう。

このような現実をみるだけでも、競争社会のなかで男性がいかに〝敗者〟として追い込まれているのかを知ることができるのではないだろうか。

また「男は一家の大黒柱」であり、家族を食わせていかなければならない存在であるという抑圧のなかに生きている男たちも少なくない。男性の平均賃金は、女性のそれの一・五倍以上（二〇一四年の「民間給与実態調査結果」でみると、年間の平均給与は男性五一四・四万円、女性二七二・二万円）となっているが、その前提は家族を養う賃金としての意味を持っているという理由による。そのことでまた長時間労働やサービス残業もいとわずにしごとを続けざるをえなかったのである。

その意味で「男らしさ」は、今日の生活や関係に追従・適応していれば必然的に注入・獲得される行動・心理パターンである。女性の多くがその人生と生活において〝女らしさ〟や女であることの理不尽さを実感したり問い直したりするのに比べ、男たちはフツーの生活を送っている限りでは、〝男らしさ〟を問い直したりすることがきわめて少ないのが現実だ。

〝男らしさ〟は、これまで生物学的本能論とセットで語られてきた歴史がある。男の性は攻撃的能動的で強く、女性は優しく受動的で弱い存在であるという対比のなかで語られてきた。その最たるものは、「男の下半身に人格はない」という〝論理〟である。人格は頭脳にあることはいうまでもないことだが、こうした〝論理〟によって男の性行動の野放図さを社会的に放任してきたのだ。

あらためて生物学的に男とはなにかを厳密に考え、捉えていくことが重要な課題になっている。そもそも男性は生物学的には弱い存在で、〝Yの悲劇〟といわれる現実がある。たとえば平均寿命（二〇一四年分の簡易生命表の概況〈厚生労働省発表、二〇一五年七月三〇日〉で男性は八〇・五〇歳、女性八六・八三歳）の差（六・三三歳）にもそのことはよく表れているし、重篤な病気の罹患率も男性の方がかなり高いのが実際である。

歴史のなかでは、日清・日露戦争を経て、第二次世界大戦に至るまで兵士像を最も男らしい姿としてイデオロギー的に国民に注入していった。その注入方法のひとつに、教育の現場では軍隊の髪型としての丸刈り、制服のミリタリー化、教育内容の軍事化、体育の軍事教練化などの展開過程があった。もうひとつは「性教育」であり、その中心的課題は女性の純潔教育にあったといえる。性教育の対象は主には女性であることによって、男性のセクシュアリティ形成は不問に付されてきたのだ。その反面、社会的な習慣や儀式などによって男のセクシュアリティの形成が行なわれてきたといえる。

とりわけ男性のセクシュアリティ形成は、戦争体験を通して〝男らしさ〟を社会化していったということでもある。その典型として兵士に性的攻撃性・支配性・残虐性を注入するとともに拡大し、その結果、多くの虐殺行為と戦時性奴隷（いわゆる「従軍慰安婦」）の活用にみる〝男らしさ〟が相乗効果的に形成されていったということができる。それは加害者性をもったセクシュアリティの意図的形成過程でもあった。またその前段階として近世から近代への変遷過程で、近世的な男性が柔軟性と両性性を持っていた側面をも近代的な男性は洗い流し、一面的な強さと権力性を強調した男性像へと収斂していった過程がある。

さらに第二次世界大戦後は、銃をもった戦士から企業の戦士へと変身していくことで〝男らしさ〟を繋いできたといえる。企業戦士は、「二四時間たたかえますか」の強壮剤の宣伝文句に象徴されるように、戦後は天皇から企業への忠誠競争へと駆り立てられていった。そしてサービス残業もいとわず働き続けるまさに戦士であることがもとめられてきた。その結果、世界的にも〝ジャパニーズ・カローシ〟としてわが国の男性労働者の現実が知れ渡っている。男性形成の過程は、女性への抑圧志向を軸にしたアイデンティティの形成だが、そのことは同時に男性にとっても抑圧過程であり、激烈な勝ち残り競争を余儀なくされる過程でもあった。

刷り込まれてきた〝男らしさ〟の内容は、①強者志向、②他者支配志向、③感情抑圧志向にまとめることができるだろう。

勉強での競争やスポーツでの勝負は、〝男らしさ〟を体得するためのトレーニングとしての側面をもっているが、今日、「男らしさ」からのさまざまなドロップアウトの現実がある。こうした現実は、〝男らしさ〟を越えて、自分らしさの獲得へと結びついていく可能性と同時に、ネオナチズムにみられる復古的な〝男らしさ〟の獲得へと連動する可能性をもっていることにも注意しておく必要があるのではないだろうか。

多くの場合、女性が同性の母親に育てられることによって、生活を通して〝女らしさ〟を身につけていくのに対して、〝男らしさ〟は意図的教育的な刷り込み（強制、励まし、勇気づけ、脅し、侮辱など）によって植え付けられている。その意味でいえば、〝女らしさ〟からの解放がいわば自己実現であるのに対して、〝男らしさ〟からの解放はまず男性自身が本当の自分と出会うための強固な自己の解体作業でもある。自己解体を通して、新しい男の再形成へとすすむことが現代的な課題である。

そのためにどのような観点で考察・分析していくのかについて、箇条書き的に問題提起をしておきたい。

① つくられる性としての〝男らしさ〟の刷り込みをチェックする視点の獲得という課題がある。

男性の行動やしぐさ、思考パターンにみられる注入された中身を検討するための問題提起が必要である。

②　男性が形成される過程は、「公式のカリキュラム」（学校の授業のなかで語られる性）とともに、「隠れたカリキュラム」（生活のなかのジェンダー・バイアスの刷り込み）の比重が高いことが特徴である。そうしたジェンダー・バイアスに気づくための問題提起のあり方が検討されることがもとめられている。

③　ジェンダー・ロール（社会的につくられた役割意識）やジェンダー・パターン（服装・しぐさなどの表現形態）にみられるジェンダー（社会的文化的に規定された、後天的に獲得・注入された性）から解放されたジェンダー・フリーな生き方や行動、関係のあり方について具体的に提示することがあげられる。

④　教育実践のなかで性的欲求や性行動のちがいの強調、らしさの文化の特徴づけなど〝男らしさ〟からの解放の視点で自己点検してみることなどの課題をあげておきたい。

男性形成は、ステレオタイプ化された男のあり方にそぐわない自己嫌悪的認識から抜け出し、自己肯定観をどう形成していくかという性教育の現代的課題でもある。

男性形成がどのように行なわれ、〝男らしさ〟の再生産がどのようなしくみですすめられているのかを問い直し、性差別の後継者をつくらないための実践を創造していくことが課題となっている。

現代は、男・女という二分法的〝らしさの強制〟から、性の多様性を踏まえた自分らしさの獲得への転換が着実に前進しているのであり、そうした時代の開拓者としての男性形成がもとめられているといえよう。

2　男性のセクシュアリティの現実——「男らしさ」のゆらぎと強化

▼男性のセクシュアリティの特徴

「あなたがどんな性生活を送っているか言ってみたまえ。あなたがどんな人物か言ってみせよう」という有名なフーコーの言葉は、性行為が人格の究極の表現であるという「社会的評価基準」への問題提起であるといえる。そうした意味で「セクシュアリティの歴史はしばしば、過去についての歴史であるとともに、いかに生きるべきか、自分の身体をいかに楽しんだり否定したりすべきなのかについての、人々の先入見の変化についての歴史(3)」であるということができる。

ここではセクシュアリティという用語・概念について、なぜ「性」ではなく、セクシュアリティなのか、「性」やジェンダーとどう違うのかを整理しておくことにしよう。

セクシュアリティという用語は、一九六四年創設のＳＥＩＣＵＳ（アメリカ性情報・性教育協会）のカーケンダール、カルデローシなどが性教育のもっとも重要な概念として提起したものであった。ミルトン・ダイアモンドは、「セクシュアリティとは、人間の感情・思想・行為などの構造体系すべてにかかわるもので、……一方で社会に影響を与え、一方で社会から影響を受けている」(4)と定義している。また『現代セクソロジー辞典』（R・M・ゴールデンソン、K・N・アンダーソン／早田輝洋訳、大修館書店、一九九一年）では、〔性欲、性的能力〕と訳されており、「性的に行動する潜在能力、すなわち、性愛的刺激に反応し、前戯、性交、マスターベーションのような性活動から快感を得る潜在能力」と定義されている。

辞典や何人かの論者の定義をみても、きわめて多義的な要素をもった概念である。したがってセクシュアリティを使うことによって、何を考え、何を問題として取り上げ、意味づけようとしているのかを問うことのほうが重要である。とりあえずの訳として「その人らしい性のあり方」（各人の性に関わる行動・思想・感情・感覚）と定義しておく。したがって男性一般のセクシュアリティという固定概念がつくられることには特に注意をしておきたいと考えている。ここでは、わが国における男性形成のしくみの特徴と形成される内容とその傾向として理解しておきたい。問題点を抉《えぐ》り出すことによって、「新しい男の誕生」をめざしているのである。多くの男性にとって男性形成の分析は痛みをともなうものだが、男性再形成のための〝男の陣痛〟として受け止めたいものである。

そうした視点にたって男性のセクシュアリティを考えると、その特徴は公の領域におけるセクシュアリティの抑圧・排除・管理というタテマエに比して、買春行為にみられるように私的領域における セクシュアリティの拡大・開放・野放図化であるということができる。つまり職場や公的な場ではセクシュアリティはきわめて制限的で性とは切り離された存在であるかのように振舞っているのだが（もちろんその裏ではセクシュアル・ハラスメントなどの隠蔽された性暴力が数多くあることはいうまでもない）、プライベートな領域ではそのセクシュアリティは横暴で支配的であるといえる。

本来的には私的領域の関係性を、公的な関係を延長・利用して暴力的に持ち込んでいるのが職場におけるセクシュアル・ハラスメントや大学・学校等におけるアカデミック（スクール）・セクシュアル・ハラスメントでもある。

▼男性のセクシュアリティのゆらぎ

男のもっとも〝男らしい〟姿は戦士であったといえるが、企業社会のなかの男たちも「企業戦士」という軍事用語で語られてきた現実がある。いのちをかけて闘う姿に男としてのアイデンティティ（自己存在証明）を確認してきた。「男らしさのイメージのこうした『軍事化』(5)」が今日まで支配的であったといえるのではないだろうか。男の子は乳幼児期から他人よりも早く、強く、先頭に立てることが〝男らしさ〟の証しとしてもとめられ、その期待に応えようと全力で走り続けている。そうした現実が「ジャパニーズ・カローシ」へと繋がっている。

厚生労働省「平成二六年における労働災害発生状況（一～一二月、確定）」によれば、休業四日以上の死傷者数は約一二万人、死亡者数一〇五七人となっている。「過労死」等の労災補償状況は支給決定件数二七七件（請求件数七六三件）で、精神障害は同じく四九七件（一四五六件）である。これも氷山の一角にすぎない。

「企業戦士」はその人生の早くから走り続け、人間関係を失っている現実がある。すでに走り続けることからドロップアウトしつつある子どもたちも大量に増えている。ベネッセ教育総合研究所調査（二〇〇八年）でみると、学校の宿題以外の勉強をする時間で、「ない」（学習時間〇分）は、中学三年生で九・五％、二年生では二一・四％を占め、高校二年生では四二・六％と答えており、「学びからの逃走」状況が深刻化しているのである。

〝男らしく〟あるために努力をした結果は、人間関係の形成能力の衰退へと連動しており、子どもたちのなかに「人間からの逃避」状況を生み出している現実がある。そうした現実は「ご機嫌損ね」恐怖症、コックピット症候群、青少年の引きこもり問題などとして社会問題化している。また調査によって差はあるが、引きこもりの割合が女性三に対して男性七であることも男の抑圧状況の一端を示しているのではないだろうか。ただ女性への抑圧パワーが、男性と比べて少ないということではけっしてない。

人間関係を形成する力の衰退が、もっとも濃密な性的関係である夫婦関係においてもセックスレス状況を生み出しており、人間関係の形成プロセスの質が問われているとみることができる。

セックスレスとは、性生活を含めたパートナーの人間関係総体が弱まっているという面をもっている。

とくに企業戦士であればあるほど、パートナーとの人間関係をはぐくむことが困難になっており、疎遠になりやすい現実がある。家庭における支配的な位置も実際にはパートナー関係と親子関係の希薄化のなかで「男らしさ」はゆらいでいる状況がある。

▼男性のセクシュアリティの強化

「男らしさ」は学校教育を通して、あるいは「隠れたカリキュラム」としての日常的な刷り込みの過程で、さらにはポルノグラフィによる注入によって再編成され、強化されているといえる。女性にもとめられる「女らしさ」は性的機能が成熟することで一定の評価がされるものだが、「男らしさ」は自らの力で獲得し、証明していくことがもとめられている。儀式（習わしや祭り）を通して男になっていくという過程なども、わが国の男性形成には大きな意味をもってきた。「男らしさ」のイメージに添うように、その国、その地域、その家族の文化に適合するための必死の努力をすることが男性形成にはもとめられてきたのである。「らしさの文化」の浸透は、男にとっては強制と刷り込みの過程であり、女性の場合は誘導と制御の過程であるといえる。

つぎに「男らしさ」を注入するイデオロギーとしてのポルノグラフィを取り上げて考えてみよう。ポルノグラフィとは、女性への暴力の一形態であるといえる。ポルノグラフィで表現されている中身は、敬愛や対等を前提にした人間的なコミュニケーションのあり方ではなく、女性をモノとしてみており、男性が女性の人権を暴力と支配で踏みにじっている男性支配社会が背景にある。

こうしたポルノ情報は、①上半身と下半身の分断した人間観、②女性は受動的で、男性は能動的という性別二分法、③女性のモノ化、④性と暴力の一体化、⑤セックスの商品化などの特徴をもっている。ポルノ情報を中心にしたマスコミ情報は、女性の人権やプライバシィを侵し、男性をレイピスト（強姦者）に仕立て上げるためのウソや誇張された情報の洪水となっている。こうして男性の「男らしさ」セクシュアリティは拡大再生産され続けている現実がある。

3　男性形成過程論のデッサン

つぎに男性の性的発達の特徴とその形成過程について大まかに捉えてみる。

子どもの発達は、身体的・知的・情緒的発達などが大人たちによって好意的に受け止められるのに対して、性的発達は嫌悪感ないしは特別な評価基準をもってみられてしまう状況がある。「発達権は奪うことのできない人権である」（発達権宣言、一九八六年、国連総会採択）といわれているが、性的発達については権利としての認識はされてこなかったといっていいだろう。子どものセクシュアル・ライツを保障する上でも性的発達を正確に、肯定的に捉える必要がある。

人間の性的発達の特徴を整理しておくと、まず第一に、きわめて個人差が大きい発達領域であるといえる。第二に、発達の流動性・不確定性が他の領域の発達に比べて大きいことも、性的発達の特徴である。つまり継続的な学習をしていないと、性的発達の獲得段階から容易に後退してしまうという特徴がある。第三に、性に関する学習を通して発達が保障されていくという特徴をもっているといえる。

「子どもの発達は、その子どもが属している文化によって大きな影響を受けます。その文化が何を期待しているのかがまず大きな枠組みになります。次に、その文化の影響の下にあるその子どもの家族の持っている価値観によって子どもの発達は大きく左右されます。最後に、その子どもが出会う家族以外の人々との関わりが影響を与えることになります。………からだの発達、知的な発達、そしてさまざまな体験を通じた心理的な発達、これらが合わさって性的な能力の発達に影響し、その早さや程度、および質を決定する」[(6)]という視点を踏まえておきたいと思う。

このような特徴をもっている「性的発達」を概説し、男性形成過程についてデッサンしてみることにする。とくに男性の性的発達をジェンダー（社会的文化的に注入された性差）の視点から考え、どういう性教育がもとめられているのかを考える上で参考にしてもらいたいと考えている。

①乳児期――性別のラベリングと親のまなざし

新生児の段階では、男児のほうが女児よりも生物学的に弱く、流産、死産、生後四週間以内の新生児の死亡率は、いずれも男の子の方が高いのが実際である。妊娠の男女比は、男一三〇に対して女一〇〇だが、出生時には一〇五対一〇〇までに落ちる。

「圧倒的多数にとって、男性の分化の第一段階は基本的にXY染色体から始まり、両親の視線で締めくくられる[7]」ということができる。

たとえば、男の乳児には、主にブルー系の肌着を着せ、女の子はピンク系のものを着せていることにも、すでにまなざしの違いを見ることができる。ピンクには、あたたかくて優しさをもとめる女性への刷り込みがはじまっているといえる。また泣くことに対しても親の反応は、男の子にはあそびをもとめていると考え、あやすのに対して、女の子には病気ではないかと安静にするなどの傾向がある。

性別のラベリングがその子どもへの対応の内容を決め、子どもの行動パターンを規定しているといえるだろう。こうして乳児期から男は「男らしさ」への方向づけが日常生活を通して刷り込まれている。

②幼児期——性アイデンティティの形成と母親とのちがいの自覚

男女の特性とジェンダーに関する諸調査によっても、二歳で女の子は家の掃除をし、男の子は家族の中心になり、芝刈りをするものと確信している現状がある。男の子は就学前の段階で、すでに「男らしさ」のステレオタイプ化された概念を身につけている(8)。

保育所や幼稚園におけるままごとあそび(模倣あそび)にみられるお父さん・お母さん役割などを演じることで伝統的性別役割分業意識が刷り込まれていくという側面があることも考えてみる必要がある。幼児期における性アイデンティティをいかなる内容として理解していくのか、発達上はどのような意味をもっているのかの検討が必要といえる。その点については今後の研究課題としておきたい。

女の子にとっては母親という同性に育てられることは、モデリングとしても〝自然〟だが、男の子にとって異性としての母親に養育されることで〝違い〟を確認することが性アイデンティティの形成につながるという特徴をもっている。その意味で「男らしさ」の獲得は、母親に対する否定形の表現をともなっているものである。つまり母親とはちがう、女の子とはちがうという否定形と消去法によって、男性アイデンティティを形成していくという特徴がある(9)。

アルフレッド・アドラーの言葉を借りれば、「男らしい抗議」をともなって男らしさは獲得され、性的分離の土壌は、幼児期に形成されていく。

こうした男性アイデンティティの獲得過程は、女性ではないという否定形と消去法で自己存在を証明することを励まし助長し、自らの「男らしさ」を強調し誇張する過程でもあった。つまり「男らしさ」は連帯に対して競争、優しさに対して厳しさ、友愛に対して暴力、平等に対して支配などを内容としている。そうした「男らしさ」がすでに幼児期に獲得されつつあり、確実に性的分離の思考が根づいているといえる。

③児童期――同性愛嫌悪と女性嫌悪の注入

身体的変化とともに、男の子の社会化が二つの力ですすめられる。女性は母親に育てられることによって〝自然の流れ〟のように教え込まれることで女性が形成されるのに対して、男性はよってたかって男にされていくというのが実際の姿である。

そのテコとなるのは、ひとつは、同性愛嫌悪（ホモフォビア）であり、男性同性愛でないことが男であることの存在証明となっている。たとえば、女の子同士で肩を組んで登校してもほとんど冷やかしや嘲笑の対象にならないのに、男の子同士がそうした行動をすれば、同性愛者ではないかといった嘲笑の対象になることも少なくないのが実際である。同性愛に関してレズビアンよりもゲイのほうが嫌悪・非難・嘲笑・攻撃の対象となる。同性愛嫌悪の役割は、端的にいえば異性愛に誘導することであり強化することである。

もうひとつのテコは、女性嫌悪である。「女らしく」ないことが男らしさの証明となっている。

女の子への攻撃的な言動や〝女性的な〟ことへの非難や嘲笑、偏見・差別などが露《あらわ》になることが多いが、これは男の弱さの裏返しでもある。「女の子には負けられない」「女のように弱くはない！」「女のようにナヨナヨしていない」という女性嫌悪は、隠れたカリキュラムとして「男の子でしょ！」「男の子なんだから強いんでしょ！」「男なのに泣いちゃダメ！」といったメッセージが繰り返し発せられていることとセットになっているのである。

小学生の時期に、同性愛嫌悪と女性嫌悪の言動が目立ってくるのは、こうした男性の社会化教育が強化されていることを意味している。最も否定形がストレートに顕在化するのがこの時期の特徴であるといえる。

そして男の子は男社会・集団・グループのなかで自らの位置を獲得するために力を誇示し、身体的暴力によって関係を形づくる傾向にある。男の子が暴力的で、活動的で、卑猥な行動をするのも、母親や女性が受け入れようとしない世界に対峙して、自らの男世界を強調するという意味をもっている。また攻撃的行動に対して、親や教師の視線は女の子の場合には禁止・批判的であるのに対して、男の子には許容的であることによって行動パターンの学習効果があがるのである。そうすることによって男性アイデンティティを確認しようとする社会的文化的要求に揺り動かされ、誘導されているといえる。

嫌悪という否定形とともに暴力的志向が強化されることで「男らしさ」を〝自覚〟していくのが児童期の特徴である。

さらに小学校高学年の時期はジェンダー（社会的文化的に形成された性差）が強力に注入されることになる。つまり男は生物学的に男として生まれ、母親に育てられることによって〝女性化〟の影響を受ける面があるが、そこであらためて男性化の作用がもとめられるのである。女性的な行動と区分する存在証明を行なうために、男の子は〝男らしい〟行動をするようになる。暴力で表現されるような強さや犠牲的な態度を示そうとすること、男らしい服装やふるまい・活動を顕示するなどの行動によって社会的存在としての男のあり方を明確にしていくというプロセスを踏んで男性形成が加速していくのである。

④思春期――性行動による存在証明と性アイデンティティの注入

男にとって性器は男らしさの象徴となっており、男の存在証明そのものとなっている面がある。ペニスにはさまざまな迷信や偏見・誤解・思い込みなどによってステレオタイプ化された男性像へと連動しているという側面がある。男は性的な関係においても女性を支配し、満足させられなければ、男ではないという強迫観念が植えつけられてきた。雑誌などでの強精剤、強壮剤、勃起剤の宣伝はそうした男性像へと導いている。

ペニスは男根主義という男性優位思想のシンボルであるという意味をもってきた。こうして男にとっての性アイデンティティが獲得されるのであるが、それは男にとっていつも元気で強いことがもとめられるという点で、より不自由な自己形成となっている。

したがって性的パフォーマンスと男らしさの確信（核心）を分離して考えられるためには、男らしさと荒々しい性行動は関係がないことを学ぶ必要がある。

さらにこの時期は、親からジェンダー・バイアスが生活のなかで繰り返し注入されることになる。「親から『男の子（女の子）だから○○しなさい』と言われる[10]」という設問に対して、「よくあてはまる」＋「まあてはまる」という答は小学生男子では三二・七％、女子では四七・一％、中学生男子では二三・九％、女子では四三・六％と大きな差がある。家庭生活での親の言動は明らかに女性が取るべき行動パターンを方向づけ、比較してみれば男の子には指示的ではないといえる。家庭内では女の子は行動的であることがもとめられ、男の子は家庭外で行動的なことが要求されることが多い。いかにジェンダーが男性形成に深く影響しているのかを確認できよう。

⑤青年期――性行動の活発化と競争に打ち勝つ男らしさの獲得

青年期の特徴は、性行動の一層の活発化にあるといえるが、同時に性行動における男らしさの認識をより強固にしていく時期であり、競争社会での勝利者であることが男の存在証明になっている。競争に打ち勝つための男らしさは、端的にいえば、支配欲であるといえる。性的支配欲は、強姦やセクシュアル・ハラスメント、性的虐待という具体的な行動となって現れてくる。その性的支配の矛先とやり方にちがいはあっても、基底には支配志向の男らしさが存在している。

青年期は男性の成熟への入り口であるといえる。成熟は、より強固な男らしさの獲得＝男らしさの軍事化へとすすむか、あるいは優しさあふれる共生的な人間への方向にすすむのかといった大きな分かれ道に直面する。

この分岐点で重要なものは、言うまでもないことだが、教育と学習である。その教育と学習をどのように主体的に学び取り、批判的に摂取するのかがこの時期の男には問われている。「ジェンダーの和解へ」[11]向けての模索ができる男であるのかどうかが一人ひとりの男に問われているといえる。

このように男の子の性的存在は、大人社会によってステレオタイプ化された男性像へと誘導されている。こうして男性の性的発達は鋳型にはめられ、本来の潜在的発達能力は制限・抑圧・変形させられてきた。その意味で男性はきわめて意図的につくられた行動パターン、価値判断、関係性の集合体として形成されることが多い。

戦争文化の骨格には、男性イデオロギーの醸成が不可欠の戦争推進政策として位置づけられる。歴史・公民・家庭科教科書問題と性教育・ジェンダーバッシングの動きは、戦争文化・イデオロギーの形成との関連で捉えておくことが重要である。

まとめにかえて——憲法二四条の描く新たな男性モデルの形成のために

第二四条　婚姻は、両性の合意のみに基いて成立し、夫婦が同等の権利を有することを基本として、相互の協力により、維持されなければならない。

２　配偶者の選択、財産権、相続、住居の選定、離婚並びに婚姻及び家族に関するその他の事項に関しては、法律は、個人の尊厳と両性の本質的平等に立脚して、制定されなければならない。

この条文は、〝parental coercion〟（親による婚姻の強制）や〝male domination〟（男性による女性支配）を是正するために、家族関係形成の自由・両性平等の理念を定めたものであった。

一方、憲法第一四条一項は「法の下の平等」を定めている。このことから、異性カップルにのみ結婚を認め、同性カップルに認めないことは憲法の理念に反すると考えられる。さらに、第二四条二項の「個人の尊厳」、第一三条の「幸福追求権」（すべて国民は、個人として尊重される。生命、自由及び幸福追求に対する国民の権利については、公共の福祉に反しない限り、立法その他の国政の上で、最大の尊重を必要とする）、第一四条一項（すべて国民は、法の下に平等であつて、人種、信条、性別、社会的身分又は門地により、政治的、経済的又は社会的関係において、差別されない）の「性別に基づく差別の禁止」などの規定も、同性婚を支持するといえる。

この時代は伝統的な男性モデルを越えて、もっと自由に新たな男性像を創り出せる転換期となっている。とまどいと道なき道を切り拓く勇気の必要な男のあり方が問われている時代でもある。男が支配者・抑圧者として生きていくのではなく、①自らの弱さを認め、自分らしさを自然体で表現することのできる力、②暴力や支配から、あえていえば「女らしい」優しさに価値を見出す生き方、③平等関係を基本にして優位／劣位を認めないかかわり方、④快楽と共感によって関係性を形成できる力、⑤心を砕いて生命をはぐくむ力―ケア能力をもった男性であることなどが問われている[12]。

さらに同性愛嫌悪と女性嫌悪を克服することも欠くことのできない課題である。これらの課題を提示することは簡単だが、子育て実践のなかでこなすことは容易ではない。それ以上に、数十年を男として生きてきたなかで自己変革していくことはもっと大変である。自己解体の作業にどうすれば立ち向かうことができるのかを素直に語り、話し合えることがもとめられている。

日本男性がこれから、どういう方向にすすもうとするのかは、一人ひとりの男に委ねられている。一人ひとりが独自の男性モデルを形成する、わくわくするような挑戦の時代の入り口に私たちは立っている。

男性形成のいびつさと特徴を踏まえた上で、自由で豊かな性的発達をはぐくんでいくことは、

〝戦争をしない〟男性の形成へと繋がっていくことを、教育実践・子育ての課題としてさらに意識していくことが重要になっている。

【註】

1 ヴァルター・ホルシュタイン／岩井智子訳『男たちの未来 支配することなく、力強く』（三元社、一九九八年）、四七ページ。

2 正式名称「渋谷区男女平等及び多様性を尊重する社会を推進する条例」は、男女平等や多様性の尊重をうたった上で「パートナーシップ証明書」を発行する条項を明記している。不動産業者や病院に、証明書を持つ同性カップルを夫婦と同等に扱うよう求めるほか、家族向け区営住宅にも入居できるようになる。条例の趣旨に反する行為があり、是正勧告などに従わない場合は事業者名を公表する規定も盛り込んでいる。証明書の対象者は区内に住む二〇歳以上の同性カップルで、互いに後見人となる公正証書を作成していることなどが条件。証明書に法的な効力はなく、区側は「憲法が定める婚姻とはまったく別の制度」としている。

3 ジェフリー・ウィークス／上野千鶴子監訳『セクシュアリティ』（河出書房新社、一九九六年）、二九ページ。

4 ミルトン・ダイアモンド、アーノ・カーレン／田草川まゆみ訳『人間の性とは何か――性教育学講座』（小学館、一九八四年）、二九ページ。

5 トーマス・キューネ編／星乃治彦訳『男の歴史――市民社会と「男らしさ」の神話』（柏書房、

一九九七年)、四九ページ。
6　シュリル・L・カープ、トレイシー・L・バトラー／坂井聖二、西澤哲訳『虐待を受けた子どもの治療戦略――被害者からサバイバーへ』(明石書店、一九九九年)、二七ページ。
7　E・バダンテール／上村くにこ、饗庭千代子訳『XY――男とは何か』(筑摩書房、一九九七年)、五二ページ。
8　スー・アスキュー、キャロル・ロス／堀内かおる訳『男の子は泣かない――学校でつくられる男らしさとジェンダー差別解消プログラム』(金子書房、一九九七年)、一三～一四ページ。
9　前掲7、七一ページ。
10　総務庁青少年対策本部編『低年齢少年の価値観等に関する調査』(大蔵省印刷局、二〇〇〇年)、四七ページ。
11　エリス・コーズ／近藤和子訳『マンズ・ワールド――フェミニズムと男らしさのあいだで』(日本経済評論社、一九九八年)、「第11章　ジェンダーの和解へ」。
12　R・アイスラー／浅野敏夫訳『聖なる快楽――性・神話・身体の政治』(法政大学出版局、一九九八年)、六五六～六六〇ページ。

第8章　日本国憲法からのシュプレヒコール

はじめに――憲法があげるシュプレヒコールを聴き解く

ドイツ語の「Sprechchor」で、英語では「speaking in chorus」スピーキング・コーラス、チャントに由来している。ドイツ語から発して、日本語として一般にパレードなどでよく使われる用語である。大勢で同じ台詞を一斉に唱えること。転じて、集会やデモなどにおける示威行為で、訴えやスローガンなどを全員で一斉に叫ぶことを指して用いられる用語である（実用日本語表現辞典）。

ここでは憲法の基本理念や憲法の求める運動の目的を、簡潔に言い表した覚えやすい句・標語という意味で使っている。憲法を擬人化すれば、いまの時代にこんなスローガンを発するのではないかと想像し、わが国の憲法学の知見を踏まえて、福祉研究者の立場から論究してみた章である。

憲法を平たく読むための本として『井上ひさしの子どもにつたえる日本国憲法』（講談社、二〇〇六年）、『日本国憲法前文お国ことば訳わいわいニャンニャン版』（小学館、二〇一〇年）、『現代語訳でよむ日本の憲法』（アルク、二〇一五年）、『日本国憲法大阪おばちゃん語訳』（文藝春秋、二〇一四年）、『日本国憲法を口語訳してみたら』（幻冬舎、二〇一三年）などが出版されている。

古くは、『あたらしい憲法のはなし』（実業教科書株式会社）が一九四七（昭和二二）年八月二日に翻刻発行、文部省検査済のうえで出版されている。

いま大事なことは、憲法の発するシュプレヒコールを「読み解く」とともに、それぞれの心で憲法の声を聴き、それを語っていく主体的な姿勢として、いわば「聴き説く」課題があると考えている。

1　憲法前文――憲法は権力を縛るものだ〜！　立憲主義を守れ〜！

日本国憲法前文

前文は以下のように書かれている。少し長くなるが、全体を紹介しておこう。

日本国民は、正当に選挙された国会における代表者を通じて行動し、われらとわれらの子孫のために、諸国民との協和による成果と、わが国全土にわたつて自由のもたらす恵沢を確保し、政府の行為によつて再び戦争の惨禍が起ることのないやうにすることを決意し、ここに主権が国民に存することを宣言し、この憲法を確定する。そもそも国政は、国民の厳粛な信託によるものであつて、その権威は国民に由来し、その権力は国民の代表者がこれを行使し、その福利は国民がこれを享受する。これは人類普遍の原理であり、この憲法は、かかる原理に基くものである。われらは、これに反する一切の憲法、法令及び詔勅を排除する。

日本国民は、恒久の平和を念願し、人間相互の関係を支配する崇高な理想を深く自覚するのであつて、平和を愛する諸国民の公正と信義に信頼して、われらの安全と生存を保持しようと決意した。われらは、平和を維持し、専制と隷従、圧迫と偏狭を地上から永遠に除去しようと努めてゐる国際社会において、名誉ある地位を占めたいと思ふ。われらは、全世界の国民が、ひとしく恐怖と欠乏から免かれ、平和のうちに生存する権利を有することを確認する。

われらは、いづれの国家も、自国のことのみに専念して他国を無視してはならないのであつて、政治道徳の法則は、普遍的なものであり、この法則に従ふことは、自国の主権を維持し、他国と対等関係に立たうとする各国の責務であると信ずる。

日本国民は、国家の名誉にかけ、全力をあげてこの崇高な理想と目的を達成することを誓ふ。

憲法は国家の横暴、権力の無謀な行使を縛る存在であり、その点に本質がある。それは立憲主義は憲法の中核的内容であり、民主主義と不可分の関係にあって、「①国民が権力の支配から自由であるためには、国民自らが能動的に統治に参加するという民主制度を必要とするから、自由の確保は、国民の国政への積極的な参加が確立している体制においてはじめて現実のものとなり、②民主主義は、個人尊重の原理を基礎とするので、すべての国民の自由と平等が確保されてはじめて開花する、という関係にある。民主主義は、単に多数者支配の政治を意味せず、実をともなった立憲民主主義でなければならないのである[1]」。

その点では、安倍政権が強引にすすめる集団的自衛権の行使容認の閣議決定と安保法の制定は、立憲主義と民主主義と平和主義を骨格とした憲法の原則を踏みにじるものに他ならない。こうした安倍政権の姿勢は、自民党の基本方針であるとともに、結党以来、改憲勢力であることと不可分の関係にある。とりわけ自民党の憲法改正案は、現行憲法の本質的な転換を示している。

▼自由民主党の「日本国憲法改正草案」前文

自由民主党の「日本国憲法改正草案」（二〇一二年四月二七日決定）における前文は以下のよう

に提案されている。

日本国は、長い歴史と固有の文化を持ち、国民統合の象徴である天皇を戴く国家であって、国民主権の下、立法、行政及び司法の三権分立に基づいて統治される。

我が国は、先の大戦による荒廃や幾多の大災害を乗り越えて発展し、今や国際社会において重要な地位を占めており、平和主義の下、諸外国との友好関係を増進し、世界の平和と繁栄に貢献する。

日本国民は、国と郷土を誇りと気概を持って自ら守り、基本的人権を尊重するとともに、和を尊び、家族や社会全体が互いに助け合って国家を形成する。

我々は、自由と規律を重んじ、美しい国土と自然環境を守りつつ、教育や科学技術を振興し、活力ある経済活動を通じて国を成長させる。

日本国民は、良き伝統と我々の国家を末永く子孫に継承するため、ここに、この憲法を制定する。

自由民主党の「日本国憲法改正草案」に関して、「この草案を見て、国連の人権理事会をはじめ、世界中の有識者たちが腰を抜かすほど驚いたのです。『これは何世紀前の憲法なのですか』と」(2)ということである。憲法の性質と人権規定を根本から変えようとするのが自由民主党の

「日本国憲法改正草案」である。

現行の憲法前文が六四三字で書かれているのに対して、自民党改正草案は三三六字でほぼ半分の文字数となっている。憲法の基本的な立ち位置が前文で描かれているものであるが、自民党草案は、「人類普遍の原理」の文言を削除し、「天皇を戴く国家」として天皇を「元首」の地位に高め、さらに不戦の決意さえも掲げられていない内容となっている。さらに大きな問題は、主語が「日本国民」となっており、憲法の基本的性格が国民の義務的規定を中心にした構成となっている。

戦後に制定された日本国憲法の立憲主義、民主主義、平和主義の基本方向とは全く逆方向を示した前文となっている。人間でいえば、まったく別人格の存在となっているのが自民党憲法改正草案の内容である。

▼『あたらしい憲法のはなし』

憲法が制定された当時に出版された、文部省公認の『あたらしい憲法のはなし』〈一九四七〈昭和二二〉年八月二日文部省検査済〉の解説には、「前文」の捉え方について、以下のように書かれている。

「この前文には、だれがこの憲法をつくったかということや、どんな考えでこの憲法の規則ができているかということなどが記されています。この前文というものは、二つのはたらきをするのです。その一つは、みなさんが憲法をよんで、その意味を知ろうとするときに、手びきになることです。つまりこんどの憲法は、この前文に記されたような考えからできたものですから、前文にある考えと、ちがったふうに考えてはならないということです。もう一つのはたらきは、これからさき、この憲法をかえるときに、この前文に記された考え方と、ちがうようなかえかたをしてはならないということです。」

また、「国をどういうふうに治め、国の仕事をどういうふうにやってゆくかということをきめた、いちばん根本になっている規則が憲法です」と、立憲主義の説明がされている。そしてここに書かれているように憲法を改正するときに、この前文に示された考え方を変えてはならないということである。

にもかかわらず自民党の「憲法改正草案」は前文の真髄を根本から変えようとしており、現行憲法の前文の本質的内容を換骨奪胎しているのが自由民主党の「日本国憲法改正草案」である。

２　憲法の嘆きを聴く――憲法をないがしろにするな～！

国会議員や政権の中枢の大臣は、憲法を尊重し擁護する義務を負うことになっている。公務員もしかりである。そもそも憲法には、「第九九条　天皇又は摂政及び国務大臣、国会議員、裁判官その他の公務員は、この憲法を尊重し擁護する義務を負ふ」ことが明記されている。

その為政者に対する憲法尊重義務が明記されているにもかかわらず、政治の中枢に位置してきた政権政党や国会議員などは、戦後一貫して憲法改正を志向し、党是としてきたのである。

一九五三（昭和二八）年四月、総選挙で自由党鳩山一郎派が憲法改正、特に九条を中心とした憲法改正を公約とした。一九五五年七月、日本民主党、自由党、緑風会の議員有志により、改憲を目指す自主憲法期成議員同盟が結成される。一九五五年一〇月には左右社会党が合同し、同年一一月には自由党と日本民主党の「保守合同」により自由民主党が成立する。その自民党は、党是の第一条に憲法を改正して自主憲法制定をめざすことを明記した。

そもそも自民党の一九五五年一一月一五日に制定された「政綱」（政府や政党が国民に対して公約する基本政策の大綱）では、つぎのように方針を明記している。

「六、独立体制の整備

平和主義、民主主義及び基本的人権尊重の原則を堅持しつつ、現行憲法の自主的改正をはかり、また占領諸法制を再検討し、国情に即してこれが改廃を行う。

世界の平和と国家の独立及び国民の自由を保護するため、集団安全保障体制の下、国力と国情に相応した自衛軍備を整え、駐留外国軍隊の撤退に備える。」

「現行憲法の自主的改正」は自由民主党の結党当時から掲げられた基本方針である。「自衛軍備」を行なうことも明記している。ただし「駐留外国軍隊の撤退」については放棄され固定化されてきた。この課題に関して「政綱」の放棄は沖縄に痛みを押し付けることで集中し強化されてきた。

憲法改正の戦後の詳細な流れについては、渡辺治『日本国憲法「改正」史』（日本評論社、一九八七年）および同『憲法「改正」の争点――資料で読む改憲論の歴史』（旬報社、二〇〇二年）を参照されたい。

3　九条は憲法の真髄——戦争NO！

第九条　日本国民は、正義と秩序を基調とする国際平和を誠実に希求し、国権の発動たる戦争と、武力による威嚇又は武力の行使は、国際紛争を解決する手段としては、永久にこれを放棄する。

2　前項の目的を達するため、陸海空軍その他の戦力は、これを保持しない。国の交戦権は、これを認めない。

実に明確な条項である。九条がある限り戦争をすることはできない。にもかかわらず、安倍政権は「国際平和支援法」と戦争関連法を国会で可決することによって海外で戦争ができる国への大きな一歩を踏み出した。

第九条の原型は、占領軍総司令官であったマッカーサーが、一九四六年二月総司令部独自の新憲法の起草を決意した際に、草案に盛り込むべき基本原則として民政局のスタッフに示した「マッカーサーノート」の第二原則の中身である。

「マッカーサーノート」(3)には、

1.「天皇は、国家の元首の地位にある。皇位の継承は、世襲である。天皇の義務および権能は、憲法に基づき行使され、憲法の定めるところにより、人民の基本的意思に対し責任を負う」
2.「国家の主権的権利としての戦争を放棄する。日本は、紛争解決のための手段としての戦争、および自己の安全を保持するための手段としてのそれをも、放棄する。日本はその防衛と保護を、今や世界を動かしつつある崇高な理想に委ねる。いかなる日本陸海空軍も決して許されないし、いかなる交戦権も日本軍には決して与えられない」
3.「日本の封建制度は、廃止される。皇族を除き華族の権利は、現在生存する者一代以上に及ばない。華族の授与は、爾後どのような国民的または公民的な政治権力を含むものではない。予算の型は、英国制度に倣うこと」

などの三原則が掲げられていた。

第二原則の、戦争放棄および戦力の不保持の原則は、最終的に総司令部案では本文にうつされ、日本政府の憲法草案を経て、日本国憲法においても正式に本文に位置づけられた。

憲法に関する学会・研究会の通説は、「国際紛争を解決する手段として」の戦争、すなわち侵略目的による戦争と、武力による威嚇または武力の行使の放棄を意味するにとどまるとされている。このことは自衛目的などによる、戦争、武力の行使が許されることは「当然、留保されており、これらは一項では放棄されていない」とみられている(4)。

そこでつぎに問題となるのが、九条二項の「戦力の不保持」についてである。憲法学者の多くは、「2項前段で保持が禁止されているのはあらゆる戦力である」(5)と考えている。あらゆる戦力を放棄しない限り、「正義と秩序を基調とする国際平和」の実現という一項の目的は実現しないのである。さらに条文上、自衛・平和のための戦争・紛争解決を想定した規定はないのであり、まして他国での、戦争・戦闘を肯定する集団的自衛権を容認する条文は存在していないのである。

こうした条文上の規程からすると、現在の自衛隊は九条で保持が禁じられている戦力にあたることも明白である。兵器は世界の一線級の能力を有しており、自衛隊の海外派遣も現在では主要任務のひとつになり、ソマリアなどアフリカ地域に部隊を展開するなど、自衛隊の活動範囲は確実に拡大している。そうした活動範囲の拡大は、当然であるが戦力の増強と兵器の能力が海外での戦闘を想定している状況にある。

中谷防衛大臣は国会答弁（二〇一五年八月三日・四日および六日、参院安保法制特別委員会）で「手りゅう弾、クラスター爆弾、劣化ウラン弾、大砲弾、ミサイル弾は武器でないから米軍に運搬」できることを明言している。さらに「弾薬は武器ではありません。弾薬は弾薬です」と答えている。「核弾頭も弾薬として認識している」と答弁しているのであるから、武器の提供は際限なく広がっている。

憲法解釈と専守防衛の理念を越えていることは明らかである。

4　一三条（個人の尊重）の重要性

――一人ひとりのしあわせが束になって国のしあわせがあるのだ～！

第一三条　すべて国民は、個人として尊重される。生命、自由及び幸福追求に対する国民の権利については、公共の福祉に反しない限り、立法その他の国政の上で、最大の尊重を必要とする。

▼「個人としての尊重」の意義

多様で個別的な基本的人権の保障も、「すべては個人を人間として尊重し、その自由な人格形成と発展を支えるものである。すなわちそれらは、広い意味での個人の尊重とその生命、自由、幸福の追求の権利の一環をなすものにほかならない。この規定は、そのような個人の尊厳に基づく基本的人権保障の意味を確認したものだ」ということができる。「憲法一三条の後段は、前段と密接に結びついて、いわゆる幸福追求権を宣言している。この規定はまず、人権保障の一般原理を示したものと、とらえることができる」のである。(6)

現在、学会において通説の立場を占めている憲法一三条の権利の理解は、「人格的生存に必要不可欠な権利・自由を包摂する包括的な権利であり、個別の人権とはいわば一般法と特別法の関係にあり、後者の保障の及ばない範囲をカバーする意味をもつ」内容である。[7] その点では、一三条は個別的な人権の土台を形成する法的な位置にある。

　とくに強調しておきたい点は、「個人の尊重は、個人が一定の私的事項について、公権力による干渉を受けずに自ら決定することの保障を含むと解され」ており、これを自己決定権ということができる。包括的権利としての幸福追求権は、自己決定権を内包した権利であると考えることができる。[8] したがって個人の尊重の本質的意義は、国のちからの構成要素であり、一人ひとりの国民の幸せを保障することが国の役割・使命でもあるということである。

　こうした個人の尊重・尊厳、国民の権利の関係について、『あたらしい憲法のはなし』ではつぎのように説明している。

> 「国民のひとり〱が、かしこくなり、強くならなければ、国民ぜんたいがかしこく、また、強くなれません。国の力のもとは、ひとり〱の国民にあります。そこで国は、この国民のひとり〱の力をはっきりとみとめて、しっかりと守ってゆくのです。そのために、国民のひとり〱に、いろ〱大事な権利があることを、憲法できめているのです。この国民の大事な権利のことを『基本的人権』というのです。これも憲法の中に書いてあるのです。」

「国の力のもとは、ひとり〳〵の国民にあります」という国と国民個人の関係性がとても重要である。つまり国のちから・しあわせは、一人ひとりの国民のちからとしあわせが束となって成り立っていると考えるのである。国民のちからとは、一人ひとりのかしこさのことであり、それは個人として判断し決定する能力があることをいう。憲法に規定された人権条項を活かすために必要なちからをはぐくむ原動力が一三条なのである。

▼一三条を活かす条件

一三条の前後には、重要な条項が配置されている。一一条、一二条は以下の条文である。

第一一条　国民は、すべての基本的人権の享有を妨げられない。この憲法が国民に保障する基本的人権は、侵すことのできない永久の権利として、現在及び将来の国民に与へられる。

第一二条　この憲法が国民に保障する自由及び権利は、国民の不断の努力によつて、これを保持しなければならない。（以下略）

一一条の「国民は、すべての基本的人権の享有を妨げられない」という憲法の基本的スタンスは、まさに国家による国民との約束の内容でもある。今日の貧困・格差の広がりと基本的人権のないがしろ状況は、本条項に照らしてみれば事実上、憲法違反状況にある。

一二条に明記されているように、国民に永久の権利として保障された基本的人権は、何人も侵害できないものであり、それらは「国民の不断の努力」によって活かされるものである。与えられるものとしての権利ではなく、憲法を守り発展させていく運動によって基本的人権は実際の暮らしの中に活かされるのである。憲法を発展させる原動力は、国民の運動であることを確認しておきたい。

一三条に続いて、一四条では「法の下の平等」が明記されている。一三条、一四条の本旨からすれば、一八条で何人も「苦役」を強制されないことが規定されていることは必然である。平等と民主主義は学問の自由が保障されていることで花開くものである。同時に学問の自由が保障されていることで、平等と民主主義を前進させることができるのである。

第一四条　すべて国民は、法の下に平等であつて、人種、信条、性別、社会的身分又は門地により、政治的、経済的又は社会的関係において、差別されない。（以下略）

第一八条　何人も、いかなる奴隷的拘束も受けない。又、犯罪に因る処罰の場合を除いては、その意に反する苦役に服させられない。

第二三条　学問の自由は、これを保障する。

一三条（個人の尊重）と一四条（法の下の平等）が響きあって人間の尊厳が社会的に保障される基盤が規定されている。個人の尊重は、「法の下での平等」が実質的に保障されてこそ一三条の幸福追求権が機能する。

先の戦争法の論戦が行なわれた国会で、安倍首相が徴兵制をとらない理由として、一八条の規定で国民は強制的義務的には軍隊・自衛隊に入隊する徴兵制を敷くことはないと繰り返し強調したところである。徴兵制と志願制をめぐる動向は第2章でみたように、世界は志願制に大きく舵を切っている。その代替として「経済的徴兵制」の導入を想定している可能性が大きいことは、「第6章『子ども・若者の貧困』と『経済的徴兵制』の可能性」で述べたところである。アメリカにおいては大学進学の経済的保障というエサを若者の鼻先にぶら下げて成り立っているのが経済的徴兵制であるが、一八条に関わって明らかに安倍政権は「経済的徴兵制」を志向し準備しているといえよう。

5　九条と二四条と二五条を一体として
——平和・平等・暮らしを守る日本をめざそ〜！

九条の平和主義、二四条の両性の平等、二五条の健康で文化的な生活の保障と連結してこそ戦争をしない、共生と平和の国づくりをすすめることになる。

憲法の基本的な書籍を調べてみてわかったことであるが、二四条に注目して記述されていることが意外と少ない。憲法学者が意外と「両性の本質的平等」に関して注目していないことに驚きを禁じ得ない。

生存権、教育を受ける権利、労働権、労働基本権などの一連の社会権の前に、二四条が位置していることの意味を確認したい。つまり「個人の尊厳と両性の本質的平等」に基づいて自由権に関する法律が制定される必要があることを踏まえて、一人ひとりの自由権の自立的創造的な活用がなされることによって、国民の生存権へのアプローチへと連動する関係にある。

あらためて二四条と二五条の条文を紹介しておく。

第二四条　婚姻は、両性の合意のみに基いて成立し、夫婦が同等の権利を有することを基本として、相互の協力により、維持されなければならない。

２　配偶者の選択、財産権、相続、住居の選定、離婚並びに婚姻及び家族に関するその他の事項に関しては、法律は、個人の尊厳と両性の本質的平等に立脚して、制定されなければならない。

第二五条　すべて国民は、健康で文化的な最低限度の生活を営む権利を有する。

２　国は、すべての生活部面について、社会福祉、社会保障及び公衆衛生の向上及び増進に努めなければならない。

第7章で述べているように、男性の性的発達の特徴が〝男らしさ〟の中身として、権力性・支配性・強制性などを内包しており、そうした男性文化こそが戦争体制のイデオロギー的な基盤形成を意味している。戦争体制を具体化するためには、男性への軍事的なイデオロギーの注入が必要であり、女性は男性を支えていくという二分法的な伝統的役割分業のあり方が問われてくる。あえていえば、「健康で文化的な最低限度の生活」のベースには、「個人の尊厳と両性の本質的平等」が踏まえられなければならないのである。そのことが戦争文化に対抗する基本条件となる。

6　憲法擁護義務――国会議員は憲法を守る義務を果たせ～！

第九六条　この憲法の改正は、各議院の総議員の三分の二以上の賛成で、国会が、これを発議し、国民に提案してその承認を経なければならない。この承認には、特別の国民投票又は国会の定める選挙の際行はれる投票において、その過半数の賛成を必要とする。

（以下略）

第九九条　天皇又は摂政及び国務大臣、国会議員、裁判官その他の公務員は、この憲法を尊重し擁護する義務を負ふ。

▼憲法改正論者の改正理由

憲法を守る義務を負っている国会議員、大臣、首相から憲法改正が政治の課題として繰り返し発言される状況がある。その先頭に立っているのは安倍晋三首相その人である。

二〇一五年九月一一日、ジャーナリストの櫻井よしこが会長を務めるインターネット番組「言論テレビ」に生出演し、憲法改正に取り組むのは二〇一六年の参院選以降との考えを示した。政治にはタイミングがあるとして、「自民党立党以来の悲願の憲法改正については粘り強く取り組んでいきたい」としている。憲法改正について「二度と戦争の戦禍を繰り返してはならない」としながらも、「今の時代にそれ（憲法とくに九条、浅井註）は合っているのかということを見直しをしていく、常に見直しをしていくことは大切なことではないかと思います」と発言している。一方で、衆参それぞれの本会議にて三分の二以上の賛成がないと、憲法改正の発議ができないことについて、「3分の2ということは、たった3分の1を超える議員が反対をすると、半数の国民が（憲法を）変えたいと思っていても、それを改正できないというのは、おかしいだろうというのが、普通の感覚だろうと思っていた」と語っている。(9)

安倍首相は以前から憲法改正に執念を燃やしてきた人物である。これまでの発言をみても「自民党総裁として、憲法改正を必ず政治スケジュールにのせる」（二〇〇七年四月二四日、自民党主催「新憲法制定推進の集い」での挨拶）、「自民党総裁として約束した以上、憲法改正を政治スケジュールに必ずのせていく決意だ」（二〇〇七年五月三日、「新しい憲法をつくる国民大会」へ寄せたメッセージ）などの決意を表明している。

安倍首相の憲法改正への執念はどこから生まれているのかは定かではないが、「三分の二以上」規定の本質について、これほど無理解であることに驚きを禁じ得ない。もちろん憲法改正のための宣伝用の発言であるにしても、憲法をまずは通説に基づいて真摯に理解しようとする姿勢さえ持とうとしないのである。

▼改正発議要件「三分の二以上」の意義

なぜ国会の発議要件が「三分の二以上」と憲法で規定されているのであろうか？　憲法改正の持つ意味について考えると、その理由は、第一に発議の主体が国会の多数派である政権与党＝国家権力であることから、過半数という不安定な条件を発議要件にすることは、その時々の政権の判断によって憲法が変えられてしまうことになる可能性がある。憲法は国の屋台骨＝「國をどういうふうに治め、國の仕事をどういうふうにやってゆくかということをきめた、いちばん根本になっている規則が憲法」（文部省「あたらしい憲法のはなし」実業教科書、一九四七年）であり、国民生活を保障する国家の約束でもある「國民の権利」規定が明記されており、これらの二つの柱がその時々の政権によって恣意的に運用され蔑ろにされてはならないという意味を持っている。

第二に国家権力の横暴から国民を守る手段としての司法・法律には限界があることがあげられる。つまり最高裁判決も含めて、時として国家の横暴には司法は無力なことも少なくない。その意味では憲法は国家権力が守るべき法律であり、国家権力を縛る法としての機能を持っている。国家を縛る機能を通して、国民を守る機能を果たしているのであり、そのことを立憲主義という。憲法に対比していえば、民法や刑法などは国民の側が守るべき法律としての意味を持っている。国際条約を国会で承認することで、憲法と児童福祉法などの一般法との中間に位置することとなり、締約国（国際条約を批准した国）が守るべき法律となり、同時に国民や学校・児童福祉施設などの団体・機関なども条約の各条項に規定されるという側面を持っている。

立憲主義に基づいた政治をすすめる上で、憲法の条文に変更を加えることのハードルに一定の高さがあることは当然のことである。

第三として野党の反対意見も含めた慎重な憲法改正の議論を尽くす努力を国会に求めているのであり、そのうえで国民の投票総数の過半数の意見によって、改正が行なわれるべきであるという改正論議の組み立てである。首班指名を受け政権を担っているということは、それ自体がすでに国会の議席の過半数を占めている可能性が高い。各議院の総議員の「三分の二以上」の規定は、簡単に憲法改正の発議をするのではなく、少なくとも国会議員の「三分の二以上」の合意が成立し、国民投票に付すための充分な議論を求めているのである。

九六条の「三分の二以上」の規定を、「過半数」に変更する提案も改憲派のなかで検討されてきたが、憲法改正という議論で求められている王道から外れて、裏口から入るような迂回作戦は憲法改正のあり方としてはまったくふさわしくないし、あってはならないことである。

まとめにかえて——たたかいなくして基本的人権は守れない！

第九七条　この憲法が日本国民に保障する基本的人権は、人類の多年にわたる自由獲得の努力の成果であつて、これらの権利は、過去幾多の試錬に堪へ、現在及び将来の国民に対し、侵すことのできない永久の権利として信託されたものである。

イェーリングいわく「権利は行使しなければ守れない」のであり、基本的人権をめぐってはさまざまな権利侵害の対象となってきた。まさに「過去幾多の試錬に堪へ」てきた「自由獲得の努力の成果」である。

憲法は〝時の政府が暴走しないように権力を縛るためにある〟が、あえてこれからの個々の人生を自分らしく送るうえで、指針＝「参考となる基本的な方針」「手引き」としての読み方をしてみることができる。その意味でも憲法のシュプレヒコールに耳を傾け、聴き解くことも私たちの課題である。

憲法の三つの基本原則とは、①国民主権、②基本的人権の尊重、③平和主義である。現在、これらの基本原則が「憲法改正」の名のもとに変えられようとしている。憲法は権力を縛る法律なのだから、国民が学びたたかいのちからにしていくことが求められている。

戦争法の廃止に向けて、いまこそ憲法からのシュプレヒコールに耳を傾けたいものである。

【註】

1　芦部信喜／高橋和之補訂『憲法　第六版』（岩波書店、二〇一五年）、一七ページ。

2　矢部宏治『日本はなぜ、「基地」と「原発」を止められないのか』（集英社インターナショナル、二〇一四年）、二一七ページ。

3　マッカーサーノート（一九四六年二月三日）文書名：Three basic points stated by Supreme Commander to be "musts" in constitutional revision
（訳）最高司令官から憲法改正の「必須用件」として示された三つの基本点

4　長谷部恭男『憲法　第6版』（新世社、二〇一四年）、五七〜五八ページ。

5　同右、五八ページ。

6　野中俊彦・中村睦男・高橋和之・高見勝利『憲法Ⅰ　第5版』（有斐閣、二〇一二年）、二七〇ページ。

7　同右、二七一ページ。

8　同、二七四ページ。

9　「『憲法改正、粘り強く取り組む』安倍首相がネット番組で繰り返し強調」「ハフィントンポスト日本版」(二〇一五年九月一二日)。

http://www.huffingtonpost.jp/2015/09/11/shinzo-abe_n_8125848.html

【参考文献】

『ＡＥＲＡ』(二〇一五年九月二八日号)、「特集　みんなの日本国憲法」

安念潤司・小山剛・青井美帆・宍戸常寿・山本龍彦『憲法を学ぶための基礎知識　論点日本国憲法　第二版』(東京法令出版、二〇一四年)

イェーリング/村上淳一訳『権利のための闘争』(岩波文庫、一九八二年)

樋口陽一『憲法　第三版』(創文社、二〇〇七年)

農山漁村文化協会編『日本国憲法の大義――民衆史と地域から考える15氏の意見』(農山漁村文化協会、二〇一五年)

内山奈月・南野森『憲法主義』(ＰＨＰ研究所、二〇一四年)

山田侑平訳・監修/共同通信社出版センター編『「ポツダム宣言」を読んだことがありますか?』(共同通信社、二〇一五年)

立教大学コミュニティ福祉学会『まなびあい』(立教大学コミュニティ福祉学会、二〇一五年一一月)、「特集　戦後70年　―NO MORE WAR―　私達の未来と〝いのちの尊厳〟を考える」

あとがき――戦後七〇年から戦後一〇〇年への私の談話

▼安倍談話を聴きながら

安倍首相は、二〇一五年八月一四日に戦後七〇年の「安倍談話」を発表した。戦後五〇年の村山談話、六〇年の小泉談話の内容を踏まえて、真摯な戦争への反省に立った文書となったのか、それとも今日の政治状況を踏まえての文書となったのか、……それぞれが読んだうえで考えてみたいものである。

政治家や有名人の談話（『私の「戦後70年談話」』〈岩波書店、二〇一五年〉には四一人の談話が掲載されている）だけでなく、市井の人々にもそれぞれの人生を踏まえての「私の談話」があるはずである。戦後七〇年を契機に、今後は戦後一〇〇年をめざして一人ひとりの人生を踏まえた「私の談話」を書き、平場の暮らしの視点から歴史を綴っていく取り組みが必要ではないかと考えている。

歴史の記述は一般的に事件史・政治史としての色彩が濃いものであるが、人々の暮らしを描くことを通して歴史の真実を物語る記述方法があるといえよう。庶民の他愛もない日常の出来事の中に歴史の真実を見て、守るべきものは何か、許してはならないものは何かを共有することができると考えている。

そうした意味において本書のあとがきには、僭越ながら「私の談話」を書くことにする。

▼記憶を辿りながら

私の記憶の一ページは、母の腕に抱かれて、ケーキをスプーンで食べさせてもらっている場面である。二〜三歳であっただろうか。アパートの二階で、母親の友人が二人、一緒にその場にいた。京都の山奥の開拓村で母は一七歳で私を産み、その後、京都市内に出て、育ての父と暮らすようになった。そのアパートは空き家となっているが、いまも昔のまま残っている。開拓村での記憶はないが、京都市内での暮らしを思い起こすことはできる。

いくつかの記憶の断片を掘り起こしてみると、ひな祭りでおひな様が飾ってあるのをどこかで見て、ボクにも作ってとせがんだことがあった。母は「ひな祭りは女の子のお祝いなんだよ。男の子のお祝いの日はもっとあとにあるの……」と教えてくれたが、私は駄々をこねたままだった。その翌朝、小さなタンスの上に、二つの茶碗を伏せて、そのうえに卵を置いて色鉛筆で男女の顔の絵を描いたおひな様を作ってくれていた。納得のおひな様であった。

またあるとき、朝鮮人(と思われる)の子どもが、石炭が山積みにされている頂上から、おもちゃの拳銃を持って、私に「アチョパチョパイ!」(と子どもの私には聞こえた)と言って、威嚇しているように感じた。子どもなりに驚きと悔しさもあって「手を挙げろと言ったんだよ」と母に話した。「それはあなたと遊びたいと言っているの。ケンカをしたいんじゃないのよ」と、優しく話してくれた。その話で子ども心に抱いたちょっとした憎しみのような気持ちが溶けた記憶が残っている。

母は、朝鮮人の男子留学生と日本人の祖母の間に生まれた子どもであったことを、大学卒業後かなり経ってから知った。どのような人生を送ったのかを聴かないまま、夫婦（血縁上の母と育ての父）は離婚し、私は育ての父方の祖母に育てられた。祖母はまさに母代わりとして育ててくれた。

私を育ててくれた父は、一七歳のとき大久野島という戦時中に毒ガス兵器を製造していた秘密地帯に徴用されていた。そのせいで肺がんを患い、最後は肺気腫で亡くなった。亡くなる直前に病院のベッドで、酸素マスク着用でほとんど会話ができないので、人差し指をたてて目で訴えていた。〝もう一回、回復して家に戻るぞ！〟と。だがその願いは叶わなかった。私には二つの手帳が残された。ひとつは「ガス障害医療券」（「ガス障害者」手帳）であり、もう一冊は私のおいたちと家族の暮らしの基礎情報を綺麗な字で書いた手帳であった。そこに書かれた記述で、私は自らの生まれた実家を五十数年ぶりに訪れることができた。

▼本当の未来志向で歴史を読み解く

私がここまで生きてきたのは、私と連なる家族が背負ってきた歩みの延長線上にある。人は家族を中心に多くの人々に支えられ生きるものである。私が私なりの生き方で家族の歴史を引き継いでいくことも私の役割なのだと思う。

それぞれの人生をどう歩んできたのかを語ることは、これからの人生の歩み方にも関わってくる。その意味で私たちは、「私の談話」を語ることを通して、本当の未来志向（思考）でこれまでの歴史を読み解いてみることもできるのではなかろうか。一人ひとりがいまの時代をどう生きるのかを自らの人生を顧みながら考えてみたいものである。

ドイツ連邦共和国第六代大統領であったヴァイツゼッカー（一九二〇年～二〇一五年）の名言を踏まえていうと、〝自らの過去に目を閉ざす者は、現在と未来に対してもやはり目を閉ざすこととなる〟。自らの人生もときには振り返ってみたいものである。問題はその過去のふり返り方にあるのかもしれないが、自分なりの方法で考えてみてはどうであろうか。人生には過ちが不可避的である。問題はその過ちをどのように捉え直し、その後の人生で正していくのかにある。

歴史の歩みに対しても、過ちは正していく努力が求められており、その力は私たち一人ひとりの歴史と現在を真摯に問う姿勢にかかっている。若い人たちはこれまでよりももっと多くの時間を生きることになり、出会いもある。どんな生き方をするのかを時々は考えてみることも人生には必要なことである。大学生には大学生として語ることのできる、これまでの人生があるはずである。

▼今日の政治の分岐点

今の大きな政治の分岐点は、安倍首相たちは、国民の幸せは国家の安泰と抑止力があってこそ守られると考えているのだが、日本国憲法や私たちの考え方は、一人ひとりの幸せが束になって国の本当の幸せの姿があると考える。

平和は力ずくでは実現できないことは、イラク戦争やアフガニスタンの現実をみるだけでもわかる。「集団的自衛権」とは結局のところ「他国防衛権（義務）」のことであり、共同戦争体制づくりに他ならない。

私たちは再び戦争の犠牲者を生み出してはならないと決意している。私たちが大切にはぐくんできた学生たちと子どもたちのいのちを戦争のために奪われてはならない！　私たちはいのちの尊厳を踏みにじる戦争推進政策を断固として拒否し、さらに大きな力にしていく努力を今後とも続けていきたい。本書がそのための一助となることを心から願っている。

古代キリスト教の神学者であり、哲学者であるアウグスティヌス（三五四〜四三〇年）が十数世紀前に、こうした言葉を残している。

「希望には二人の娘がいる。ひとりは怒りであり、もう一人は勇気である。」

人間としてのまっとうな怒りを持ち続け、それぞれの持ち場でできることをやっていく勇気を持って行動し、この時代の希望を創りだしていきたいものである。

初出一覧

第1章　「第2章　平和・人権・福祉――憲法と社会福祉」（鈴木勉編著『シードブック　社会福祉〔第二版〕――暮らし・平和・人権』建帛社、二〇一三年）を加筆・修正

第2章　「戦争をする国・しない国の分岐点――政治的判断力が問われる時代のなかで、学術的であるために」『立教大学コミュニティ福祉研究所紀要』（第三号、二〇一五年一一月）

第3章　「戦争は『戦災孤児』を生み出す」大田昌秀・浅井春夫・植田章・桂木志保・熊上崇・芝田英昭・林千代・山城紀子・結城俊哉『戦争と福祉についてボクらが考えていること』（本の泉社、二〇一五年）

第4章　「基地と隣り合わせの子育て――米軍と地域をともにすることの現実」教育科学研究会編『教育』（第八二四号、二〇一四年九月）

第5章　「戦後70年　沖縄戦の『戦死者』と慰霊の意味を問う」立教大学コミュニティ福祉学会『まなびあい』（第八号、二〇一五年一一月）

第6章　書き下ろし

第7章　「男性形成論概説」（〝人間と性〟教育研究協議会「男性形成研究」プロジェクト編／浅井春夫・伊藤悟・村瀬幸浩編集・執筆『日本の男はどこから来て、どこへ行くのか』十月舎発行、星雲社発売、二〇〇一年）を加筆・修正

第8章　書き下ろし

浅井春夫（あさい・はるお）

1951年8月、京都生まれ。日本福祉大学大学院（社会福祉学専攻）修了。東京の児童養護施設で12年間、児童指導員として勤務。白梅学園短期大学を経て、現在は立教大学コミュニティ福祉学部教授。“人間と性”教育研究協議会代表幹事、全国保育団体連絡会副会長。

主な単著・編著書に『脱「子どもの貧困」への処方箋』『子どもを大切にする国・しない国』、保育の理論と実践講座第2巻『保育の質と保育内容』第3巻『子ども・家族の実態と子育て支援』（以上、新日本出版社）、『沖縄戦と孤児院――戦場の子どもたち』（吉川弘文館）、『戦争と福祉についてボクらが考えていること』（本の泉社）、『あっ！そうなんだ！性と生』（エイデル研究所）、『沖縄の保育・子育て問題――子どものいのちと発達を守るための取り組み』（明石書店）、『シードブック 子ども家庭福祉（第2版）』『シードブック 社会福祉――暮らし・平和・人権（第2版）』『子どもの暴力対応実践マニュアル――児童福祉施設・児童相談所・学校』（以上、建帛社）、『新・コミュニティ福祉学入門』（有斐閣）など多数。

戦争《せんそう》をする国《くに》・しない国《くに》――ふくしの思想《しそう》と福死《ふくし》の国策《こくさく》

2016年4月30日　初　版

著　者　浅　井　春　夫
発行者　田　所　　稔

郵便番号　151-0051　東京都渋谷区千駄ヶ谷4-25-6
発　行　所　株式会社　新　日　本　出　版　社
電話　03（3423）8402（営業）
03（3423）9323（編集）
info@shinnihon-net.co.jp
www.shinnihon-net.co.jp
振替番号　00130-0-13681

印刷　亨有堂印刷所　製本　光陽メディア

落丁・乱丁がありましたらおとりかえいたします。

ISBN978-4-406-05961-9　C0036　Printed in Japan